U0639424

质性研究经典导读系列丛书

丛书主编 丁钢

参与观察

质性研究中的『看』与『被看』

主编——董轩

华东师范大学出版社

图书在版编目（CIP）数据

参与观察：质性研究中的"看"与"被看"/董轩
主编. —上海：华东师范大学出版社，2020
（质性研究经典导读系列丛书）
ISBN 978 - 7 - 5760 - 0009 - 2

Ⅰ.①参… Ⅱ.①董… Ⅲ.①社会科学—研究方法
Ⅳ.①C3

中国版本图书馆 CIP 数据核字（2020）第 035401 号

参与观察：质性研究中的"看"与"被看"

主　　编　董　轩
责任编辑　赵建军　师　文
责任校对　李兴福　时东明
装帧设计　俞　越

出版发行　华东师范大学出版社
社　　址　上海市中山北路 3663 号　邮编 200062
网　　址　www.ecnupress.com.cn
电　　话　021 - 60821666　行政传真 021 - 62572105
客服电话　021 - 62865537　门市(邮购)电话 021 - 62869887
地　　址　上海市中山北路 3663 号华东师范大学校内先锋路口
网　　店　http://hdsdcbs.tmall.com/

印 刷 者　杭州名典古籍印务有限公司
开　　本　787×1092　16 开
印　　张　9
字　　数　109 千字
版　　次　2020 年 4 月第 1 版
印　　次　2020 年 4 月第 1 次
书　　号　ISBN 978 - 7 - 5760 - 0009 - 2
定　　价　36.00 元

出 版 人　王　焰

（如发现本版图书有印订质量问题,请寄回本社客服中心调换或电话 021 - 62865537 联系）

总 序

　　教育学本质上是一门关于人类教育生活实践的学科,教育实践既是处理社会关系的实践,也是改造主观世界的实践,是人类实践活动的重要形式之一。

　　教育学的研究既需要为重要的研究问题提供合理、明确的推理过程,对其进行各种验证性研究,同时也需要通过对个体和群体的教育经验进行分析,深化与诠释生活世界的教育意义。教育研究既需要数据的积累和现象的描述,还必须深入到研究的内容、趋势、认知与评论等方面,以形成量化与质性相结合的交互分析。在这个意义上,教育研究可以采取量化研究与质性研究相结合的混合研究方法,以提升教育研究的价值。

　　就质性研究方法而言,质性研究是国内外社会科学领域常用的一种实证研究方法,其目标是对人类行为和经验的解释性理解与反思,寻求掌握人们建构其意义的历程,并描述这些意义是什么,然后使用经验的观察,从探究人类行为的具体事件中产生对人类的生活状况与社会变革更清晰、更深层的思考与理解。

　　华东师范大学教育学部设立"教育的质性研究方法"研究生学位基础课程的宗旨在于:使学习者树立教育研究的问题意识,清晰研究立场,全面了解质性研究的理论与具体方法,体会质性研究的特点,领会各种具体方法的优势和适用价值,学会运用质性研究方法和分析软件开展质性研究设计和研究活动。

　　"教育的质性研究方法"课程的内容分为以下 4 个模块:

● 质性研究导论，旨在为学习者提供质性研究的方法论基础而设。包括质性研究的理论资源、对象与目的、选题与设计，以及文献综述、参与观察、深度访谈、成果呈现等基本方法。

● 质性研究方法专题，旨在为学习者提供结合实际需求深入学习某一质性研究方法而设。分为可供学习者选择的 6 门单列课程：田野研究、案例研究、行动研究、叙事研究、文化与生活史研究、扎根理论。

● 质性分析软件应用，旨在为学习者提供应用质性分析软件所需而设，建议与扎根理论学习相配合。

● 质性研究成果撰写，旨在为学习者提供更好地呈现质性研究结果的写作方法而设。包括质性报告撰写与研究评价的方式等。

为了进一步推进和深化课程的建设，以及满足研究生对于质性研究方法的深入理解和研究实践的需求，基于"教育的质性研究方法"课程团队的教学实践，我们将每种质性研究方法单独编写成书而组成了这套"质性研究经典导读"系列丛书。

其中，每种质性研究方法的编写将选择国内外相关经典著作加以导读，同时强调研究方法的程序与规范，进而对一些经典案例进行分析，并提供拓展阅读。

呈现在读者面前的这套"质性研究经典导读"系列由 11 部著作构成：

《博观约取：文献综述导引》一书将文献综述作为研究过程不可或缺的一部分，强调文献综述乃是以研究主题或问题为中心，以既有文献为基础的博观约取的过程；同时，以哈特（C. Hart）的《文献综述：激发研究的想象力（第二版）》为典范，进一步加深对文献综述的技术化理解，形成对文献综述的合理认识。在此基础上，呈现了从主题到问题，从文献搜集、甄选、梳理到综述撰写的一般程序及其操作规范,并结合研究领域和研究取向,选取了若干具有代表性的综述文本作为案例,以为参酌。努力体现我国教育研究的本土特征,反映我国教育研究者的重要贡献,贴近我国教育学研究生的实际需求。

《参与观察:质性研究中的"看"与"被看"》一书旨在为参与观察方法的初学者提供可借鉴的"地图",选取了《参与观察法:关于人类研究的一种方法》这本经典教材进行导读,辅以人类学参与观察法的经典著作《摩洛哥田野作业反思》,以期从具体方法的使用到作为研究工具的研究者的反思,形成完整的逻辑链条,并具体介绍了参与观察法的操作步骤。同时,该书选取了三本以参与观察法为重要研究方法的著作,分别从研究问题与内容、研究方法与过程、研究发现、主要理论视角与论点和研究者的反思等角度对著作文本进行"方法"意义上的重构,从案例中进一步阐明了参与观察的经典使用。

《质性访谈:在教育研究中的"聆听"与"理解"》一书着重指出访谈是质性研究中的重要方法。书中涵盖阅读和领会访谈法的内涵、特点、优势、操作和分析等一系列的相关信息,对于运用和实践这种收集资料的方法来说非常必要。该书以经典导读为主线,通过介绍两本访谈著作和相关研究案例,为对质性研究感兴趣或开展质性研究的各类研究者提供有关访谈法的实用知识和技术,以促进质性研究与教育研究实证道路的发展。

《田野研究:经验正当性的现场寻求》一书为使学习者实现对于人类学田野研究更为深入的了解与理解,一方面以人类学学科中田野研究的产生与发展的时间维度,探寻在人类学田野研究领域"里程碑"式的经典著作成果形成与发展的过程中，田野研究所承担的作用和地位；另一方面，通过经典片段导读、案例分析与拓展阅读等学习内容的安排，聚焦田野研究作为研究方法的正当性（validity）问题，分析与考察其作为跨越自然科学与社会科学的一种现场经验研究方法所包含的相关研究规范。让学习者通过阅读与思考，不仅拓展专业研究方法的视野，而且初步了解和掌握人类学田野研究作为研究方法的基本规范和关键要求。

《教育科学案例研究方法：导读与范例》一书在经典导读部分通过与经典文献的对话，展示案例研究方法在教育理论构建与实践检验中的不同研究取向与特征，关注研究规范涉及案例研究方法的策略与步骤；进而在案例分析部分详细描述具体案例的研究过程与方法，并在拓展阅读部分简要介绍了案例研究方法的主要文献。

《行动研究经典导读：教育研究中的实践、批判与反思》一书旨在通过对经典著作与案例的导读，向学习者介绍行动研究的理论基础与实践方式。主要内容包括行动研究的历史溯源、主要流派与特点，以及"做"行动研究的基本方法。帮助学习者全面了解行动研究理论的历史背景，判断行动研究方法的适用情境，并帮助学习者培养独立设计、实施行动研究的基本能力。

《教育叙事研究：经典与案例导读》一书旨在帮助学习者理解叙事探究的立场、观点和方法，以开辟教育研究的新路向——关注个体的教育生活，把握其生活经验的连续性和交互性，以深度描述和诠释的方式探索、穿透和揭示其生活经验的意义。

《生活史研究导论》一书旨在考察生活史研究在历史学科中的发生与发展。着重关注海内外生活史研究的发展及其旨趣，进而对生活史研究的理论视野和取径,乃至逐渐形成的跨越历史学、社会学和教育学的方法论属性进行了考察。同时,以生活史研究领域的产生与发展过程中形成的诸多经典著作为考察依据,以该领域"研究规范"产生的原因、内容以及发展变化作为聚焦点,以期为教育研究回归"人的研究"、铺展新的研究路径,提供方法论指导。

《扎根理论经典导读与实作》一书通过对扎根理论经典的导读、介绍与解读方法、研究案例研讨、拓展阅读等方式,帮助学习者提高对本研究方法的认识、理解,使其形成运用扎根理论构建理论的能力。该书内容涉及扎根理论经典导读、作为研究方法的基本程序和技术介绍、应用该研究路径的常见问题等。

《质性分析软件 NVIVO 的应用》一书通过介绍 NVIVO 的基本操作,包括项目管理、编码、查询、数据整合、可视化、多媒体数据处理、图和报表等功能,对使用 NVIVO 进行质性分析的常用策略和步骤进行了解析。同时,通过三个具体的案例,说明应用 NVIVO 进行开放式问卷的分析、文献综述以及完整的研究设计的方法。对于不倾向于特定的方法论,需要处理大量无结构或半结构化数据的研究者而言,NVIVO 运用定性分析技术来组织、分析和共享数据,是目前最合适的质性分析工具,也为使用混合方法的研究人员提供了借鉴。

《从生活到理论:质性研究写作成文》一书在理论层面结合国内外关于质性研究写作的著述、教材和论文,在实践层面以学习者在习作中遇到的困惑和问题为着力点,力求在参考性、操作性,以及具体到质性研究写作的格式、语言、时间管理、谋篇布局和发表交流等层面,用贴近学习者经验的语言,针对普遍的困惑,提供有参考意义的建议。针对质性研究报告或论文的每个主要组成部分，该书逐一分析了各个部分写作的原则、类型、注意事项，并且引证正面和反面案例进行分析说明。

这是一套基于课程教学实践的著作系列，此系列不仅关注研究方法的实用性和理论的前沿性，也具有很强的可读性和对教育质性研究方法运用的导向性；既可以作为学习者课堂学习的延伸阅读，也可以为有需要的学习者自学所用。如果能为读者分享而有所启迪，我们便达成了心愿。

丁　钢

2020 年 1 月 31 日

|目　录|

本书内容摘要

本书是华东师范大学教育学部"教育的质性研究方法"课程团队统一编写的"质性研究经典导读"系列丛书中的一册,旨在为参与观察方法的初学者提供可借鉴的"地图"。

本书共分为四个部分:经典导读、方法流程、案例分析和拓展阅读。经典导读部分选取了《参与观察法:关于人类研究的一种方法》这本经典教材进行导读,辅以人类学参与观察法的经典著作《摩洛哥田野作业反思》,以期从具体方法的使用到作为研究工具的研究者的反思,形成完整的逻辑链条。方法流程部分具体介绍了参与观察法的操作步骤。案例分析部分选取了《特权:圣保罗中学精英教育的幕后》《学做工:工人阶级子弟为何继承父业》《礼物的流动:一个中国村庄中的互惠原则与社会网络》三本以参与观察法为重要研究方法的著作,分别从研究问题与内容、研究方法与过程、研究发现、主要理论视角与论点和研究者的反思等角度对著作文本进行"方法"意义上的重构,以期借助案例,进一步阐明参与观察的经典使用。拓展阅读部分首先讨论了参与观察的方法论意涵,进而列出了十种有助于学习者进一步学习和思考参与观察法的中英文著作(论文)。

第 1 章

经典导读：从"方法"到"反思"

一、《参与观察法：关于人类
研究的一种方法》导读

　　一个好的研究的完成,有赖于选择恰当的研究方法并科学灵活地运用在研究过程中。近年来,关于研究方法的教材层出不穷,在茫茫书海中选出一本经典之作,对于学习和掌握研究方法大有裨益。学者陈向明在其著作《质的研究方法与社会科学研究》中提到："'研究方法'是从事研究的计划、策略、手段、工具、步骤以及过程的总和,是研究的思维方式、行为方式以及程序和准则的集合。对'研究方法'进行探讨可以包括方法的特点、理论基础、操作程序、具体手段、作用范围等方面。"① 从这层意义上来说,《参与观察法：关于人类研究的一种方法》(以下正文中简称《参与观察法》,*Participant Observation: A Methodology for Human Studies*)是一本言简意赅且实用性强的书,该书既较完备地介绍了参与观察法的特征、方法论、操作程序、具体技术等,又在每章节末尾提供小结和练习,有助于读者提炼文意、锻炼方法。《参与观察法》是重庆大学出版社编译的"万卷方法"系列丛书之一,该书作者是乔金森(Danny L. Jorgensen),他是：

　　美国南弗罗里达大学宗教研究系的教授,并于
1999—2006 年间担任该系的系主任。他出生于 1951 年,

① 陈向明.质的研究方法与社会科学研究[M].北京：教育科学出版社,2000：5.

1979 年在俄亥俄州立大学获社会学博士学位。乔金森的研究
兴趣主要集中在文化社会学、知识社会学和宗教社会学等领
域。他出版了多部著作，在《美国社会学杂志》、《社会学季刊》、
《城市生活》、《符号互动》等重要刊物上发表了大量的学术论
文。他运用参与观察法做出了许多杰出的研究，是该方法的著
名倡导者和享有盛誉的权威人士。①

如上文介绍，作者的渊博学识和深入浅出的讲解能力在这本书丰富
的理论介绍和例证支撑中得到了充分的体现。《参与观察法》在第 1 章从
参与观察法的七个特征对其进行介绍，分析了参与观察法的适用范围和
局限性，并将其与其他研究方法进行对比，尤其是调查法和实验法。第 2
章说明了界定研究问题的独特逻辑和过程。后面的若干章主要按照参
与观察的流程分别进行介绍，其中包括一些具体的研究技术。在每一部
分，作者都展现了学术界的争议点并给予了有效的解决策略。

（一）参与观察法的特征

参与观察法究竟是一种什么样的研究方法？由于很难用简洁的语
言为其下一个准确的定义，乔金森主要从如图 1-1 所示的七个特征展开
讨论②：

第一，"从一个特定情境的局内人或成员的角度出发，对人类互动及
意义怀有特殊的兴趣"。局内人的视角要求研究者充分理解研究对象的
文化和语言，理解他们的生活习惯、思维方式和行为意义，对研究对象言
行背后隐藏的意义保持敏感性，忠实于对其日常生活的观察而非从预定

---

① ［美］丹尼·L.乔金森.参与观察法：关于人类研究的一种方法［M］.张小山,龙筱红,译.
重庆：重庆大学出版社,2015：译者前言 iv.
② 同上书,第 3 页。

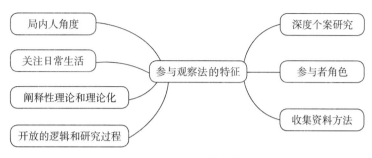

图 1-1　参与观察法的特征

假设出发。

第二，"将此时此地的日常生活的情境和场景作为研究方法的基础"。参与观察法的研究对象是日常生活世界，它是一种实地观察，而非有所控制的实验室观察或调查。研究者应尽力不因自己的参与而影响研究对象的行为方式，才能得到较为真实的研究结果。

第三，"强调阐释和理解人类生活的理论形式和理论建构"。参与观察法的研究目的在于最终提出关于现象的阐释性理论，而非通过验证假设得出因果关系，因而在研究程序上不同于定量研究方法，它事先不需要具体的假设和操作性定义，也不需要精确的测量过程。

第四，"一种特殊的研究逻辑和过程：开放、灵活、随机应变，并且要求从具体的人类生活场景中获取资料，不断地重新定义问题"。如上文所说，参与观察法的研究过程不是一个固定的程序，而是一个循环往复、螺旋上升的过程，研究者可以在研究的过程中反复修正研究问题，可以根据自己的研究问题不断进行观察和资料收集，不断建构理论。

第五，"一种深度的、质性的个案研究方法和设计"。个案研究法是一种质性研究方法，它与参与观察法是包含与被包含的关系，即个案研究不一定采用参与观察法，但参与观察法一定是采用个案研究的方法，寻找具有典型性的个案的意义，超过了讨论个案的代表性的意义。

第六，"一个或多个参与者的角色扮演，并涉及建立和维持与当地人之间的关系"。参与观察的研究者在研究过程中不应将自己视为研究对象的对立面,而应该与研究对象进行积极的互动,在互动中进行意义建构和行为解释。另外要处理好双方之间的关系,研究者在获取研究对象信任的同时,要反思道德伦理问题。

第七,"运用直接观察法的同时还运用其他收集资料的方法。"参与观察者可以通过直接观察的方法收集数据,在研究的过程中,要及时记录和整理田野笔记,也可以通过收集实物等其他资料的方式增加研究手段和研究视角。

乔金森从研究视角、研究对象、研究目的、研究过程、研究方法、研究者的角色、具体技术七个方面界定了参与观察法,并将其与实证研究方法,尤其是调查法和实验法进行对比,对于初学者来说,起到了澄清的作用。只有充分理解和明确参与观察的方法论,才能更好地使用这种方法。

（二）界定研究问题

1. 研究的社会文化背景

由于参与观察法需要接触真实的日常生活世界,所以在准备运用参与观察法进行研究时,需要考虑到研究的社会文化背景。参与观察法的主观性和客观性很难被清楚区分,参与观察法主要以研究者本人为研究工具,生活在社会中的人本身具有特定的价值观和兴趣,在研究中不免会对研究工作产生影响,这使得研究过程具有一定的主观性,但这种主观性并非都是负面的,个人经历对研究也可能有一定程度上的帮助,具体的影响需要在研究过程中不断反思。除了研究者的兴趣和价值观外,研究者的个人身份,包括性别、年龄、种族或民族、社会地位和受教育程度、个人特点与形象等,都会对研究工作产生影响。① 研究者需要注意并

---

① 陈向明.质的研究方法与社会科学研究[M].北京：教育科学出版社,2000：118.

报告这些个人因素，有助于读者判断这种个人倾向对研究工作产生的影响。在研究过程中，只有研究者本人参与到现场中，才能得到真实的研究发现，获得真理的客观性，从这一角度看，参与观察法又是相对客观的，因此客观性和主观性很难区分也没有必要区分。

在界定研究问题乃至参与观察的具体实施过程中，都需要注意研究伦理问题。学者陈向明将研究伦理归纳为"自愿和不隐蔽原则、尊重个人隐私和保密原则、公正合理原则、公平回报原则"①。在《参与观察法》一书中，主要讨论了是否公布研究目的这一问题。一些学者认为，关于研究的一切都需要对被研究者公开，研究者不应该隐瞒身份和信息，但在具体的研究实践中，不断地公开研究目的会使研究难以进行，尤其是揭露社会上的不良现象，比如研究虐待病人等。在教科书上很容易决断的事情在现场却变得非常困难，研究者需要根据实际情况不断探索和反思。

2. 界定过程

界定研究问题有助于明确研究方向，保障研究顺利开展，但是研究问题并非在参与观察实施前就已经被清楚界定了，界定研究问题是一个问题具体化的过程，它需要在现场观察中不断得到修改和完善。《参与观察法》的作者提供了两种思路可以界定研究问题：一种是由问题到现场，在进入现场之前，参与观察者可能已经有了一个大致的想法，这种想法可能来自"个人兴趣、学术观点（可能与某些抽象的知识和理论体系有关）、其他研究未能揭示的主题，或被人们（如政府官员、政策制定者、改革者或管理者）视作问题的事物。"②研究者所需要做的就是将这些想法带入现场，通过现场的观察和研究情况补充和修改研究问题。另一种是由现场到问题，可以基于过往的生活经历，也可以根据当前对现场的参

① 陈向明.质的研究方法与社会科学研究[M].北京：教育科学出版社，2000：427.
② ［美］丹尼·L.乔金森.参与观察法：关于人类研究的一种方法[M].张小山，龙筱红，译.重庆：重庆大学出版社，2015：22.

与式观察,发掘有趣且值得深思的研究问题。总之,界定研究问题是"一个开放的、不断发展的过程,在这个过程中,所要研究的问题得以确认、澄清、商定、提炼和详细说明"①。在陈述研究问题时,要处理好宽泛和集中这对矛盾,避免走向两种极端。一方面表述问题要相对宽泛,不将问题限定在预设里,观察的视野才能足够开阔;另一方面研究问题应该足够集中,避免观察时被淹没在大量的田野资料里。

3. 构造概念和确定指标

乔金森将参与观察法和其他方法进行了比较,他认为不同于量化研究,参与观察法不需要给概念进行操作性的定义,并进行精确的测量和统计。参与观察法多通过现象学的方式来定义,关注的是具体情境下人的理解和赋予的意义。在参与观察中,以局内人的视角捕捉"关键概念",即解释所谓的"本土概念",通过对文化主位意义上的概念的分析,才更容易靠近被研究者的生活实际。衡量一个特定的概念,经常使用信度和效度这两个指标。由于选择的概念是从日常生活中提取的,所以概念的有效性一般不会受到质疑。《参与观察法》这本书中也提到概念有效性的检测方法,"概念的成功运用,有力地表明你对概念的描述是准确的,但是如果当地人反对你的用法,则表明你的表述是不准确的"②。传统意义上,信度是指研究的可重复性和可靠度,由于参与观察法通常用于特定的场景和问题,难以推广到不同的场景中,所以从传统意义上讲,很容易对参与观察法的信度产生质疑,但是参与观察法的特殊之处在于,因为研究需要多重形式的证据,研究过程需要详细陈述,研究的可靠性和紧密性就有着密切的联系,书中引用怀斯曼(Wiseman)的观点,对信度和效度两者之间的关系进行了详细论述。怀斯曼认为,参与观察法的

---

① [美]丹尼·L.乔金森.参与观察法:关于人类研究的一种方法[M].张小山,龙筱红,译.重庆:重庆大学出版社,2015:25.
② 同上书,第28页。

信度和效度，可以通过下述方法进行检验：

> 如前所述，参与者极少依靠单一形式的证据，概念的构造和检验是通过多重程序和多种证据形式，如直接经验和观察、不同形式的访谈、不同的信息提供者、人工制品及文献等。
>
> 至关重要的是，考察研究者的程序是否以及在何种程度上提供了直接涉入局内人世界的途径，涉入的有限通常会使得研究结果不那么有效和可靠。
>
> 较之其他的科学方法，参与观察法更多地要求研究者充分描述和讨论用以收集资料的程序。因此，研究者必须向读者详细阐明所运用的这些程序与研究结果之间的关系，包括这些程序的优点及局限性。
>
> 对研究程序清晰详尽地探讨使之能够更好地接受公众的考察和检验。换言之，研究程序将从每一位阅读最后报告的人士的经验和判断中，接受质疑和检验。
>
> 如前所述，重要的概念是在日常生活的实际应用中得到检验的。难以想象还有什么比日常生活的检验更加严格的方法，可以检验一个概念的准确性或可靠性。
>
> 尽管在实践中存在一定困难，但是原则上仍然有理由相信，参与观察法可以在独立的重复研究中得到检验。①

（三）参与观察法的实施

《参与观察法》一书详细介绍了参与观察法实施的大体流程，使读者

---

① J.P. Wiseman. *Station of the Lost*. Englewood Cliffs, NJ：Prentice-Hall, 1970.转引自［美］丹尼·L.乔金森.参与观察法：关于人类研究的一种方法［M］.张小山，龙筱红，译.重庆：重庆大学出版社，2015：50.

能够比较容易地明白操作步骤和注意事项。按照书中介绍，如图1-2所示，参与观察法的实施主要包括进入研究现场，参与日常生活，建立和维持实地关系，观察和收集资料，制作笔记、记录和档案，分析和理论化，撤离现场和交流成果等几个步骤，大体是按照参与观察的流程顺序进行介绍，但是每个步骤之间没有明确的界限，并非上一步骤完成才可进入下一步骤，比如收集资料应当而且有必要与观察和建立关系同步进行，以便及时地整理资料。按照研究任务的推进，可以把以上七个步骤分为观察前的准备、进行观察和观察后三个部分。

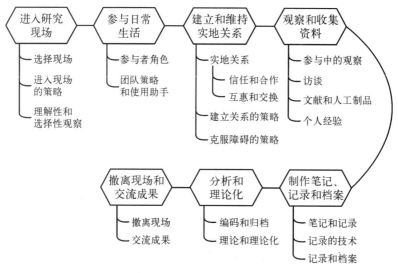

图1-2　参与观察法流程图

1. 观察前的准备

在前往现场进行观察之前，首先要确定观察问题。根据观察问题选择合适的现场并以恰当的方式进入现场。现场选择的恰当与否，直接影响研究者是否能够获得自己需要的研究资料，保证研究顺利展开。研究现场从可见性来说，有显性的和隐形的区别；从开放性来说，有开放的和封闭的区别。显性和隐形并非绝对对立，研究者可以通过与局内人或者相关的人建立联系以获取有效信息，使一些相对隐形的场所变成显性。开放性和封闭性也绝非完全对立，人类大多数活动场所既有开放性的部分也有封闭性的部分。场所的开放性和可见性有一定的关系，但绝不意味着一些显性的场所就是绝对开放的，一些隐形的场所就是封闭的，比如大学、医院等场所，虽然是公众可见的，并不能说明它们对参与观察是开放的。评判一个场所的开放性，要看研究者是否需要协商方可进入现场。① 研究现场还具有政治性的特点，人类的多数活动场所多和政治有关，研究现场有社会分层，就会存在权力的支配与被支配，职业有性别差异，对研究者的观察结果也会有限制或促进作用。参与观察者需要注意在这些活动场所中政治因素产生的后果，并在此基础上调整进入现场和参与观察的策略。②

《参与观察法》中介绍了几项选择现场需要考虑的条件：一是进行现场的便利性，考虑自己是否能够进入现场；二是参与者在现场充当的角色范围；三是充当的角色是否能够接触所要研究的对象；四是自己的兴趣和能力。越多地考虑这些因素，就越能做出明智的选择。

选择好研究现场后，进入现场也需要一定的策略，可以根据研究现场的特征和研究者自身的资源选择公开式进入或隐蔽式进入研究现场。公开式进入可以利用研究者的声望、对研究计划的报告和修改获得研究现场管理当局的信任，以便顺利进入现场；隐蔽式进入虽然在一些学者看来不符合研究伦理，但是对于研究类似贩毒集团这种群体，有时不得不采用隐蔽式进入，即使是公开式进入，有时也需要适当隐瞒研究目的。如何成功地进入现场，考验的是研究者的"交际能力、创造性和常识决

---

① ［美］丹尼·L.乔金森.参与观察法：关于人类研究的一种方法［M］.张小山，龙筱红，译.重庆：重庆大学出版社，2015：37.
② 同上书，第 39 页。

断力"①。

选择什么样的现象和个案进行观察，需要根据所研究的问题和研究的现场来进行专业判断，这种依据理论逻辑的抽样方法是一种非概率抽样，在参与观察中，常用的形式是"滚雪球"抽样，这个定义比较形象地描述了这种抽样方法的基本原理，即由已知的信息来选择后续观察对象，观察的现象会像滚雪球一样不断增加。

2. 进行观察

(1) 参与日常生活

顺利进入现场之后，研究者需要参与到现场生活中去。参与观察者所处的社会位置不同，观察的角度和得到的观察结果就不同，"研究者的社会位置决定了观察的内容、观察的特征以及观察的机会"②。虽然多数情况下并不能获得对现象的"正确"理解，因为没有所谓"正确"的评判标准，但是研究者可以尝试从不同的角度观察，以期获得更多的信息。

根据是否参与研究群体的生活，可以把参与观察者的角色纳入从完全局外人到完全参与者的闭区间。有学者认为，参与和观察存在相互竞争关系，参与得越多，则观察到的越少。③ 也有另外一种观点，参与得越多，获取的信息越多，信息的准确性也会提高。其实不管是局外人，还是局内人，都有其利弊。研究者作为局外人进入研究现场，提供了程序上的正当性，无需处理学术道德问题，初入现场的好奇感和陌生感也会使参与观察者更敏锐、更综合地获取信息。然而局外人需要时常面对政治性问题，自己的学者身份会使被观察者产生不同的情绪和表演行为，增加了研究的困难，这些困难会因为相处的时长和相处的态度得到缓解。在研究现场相

---

① [美] 丹尼•L.乔金森.参与观察法：关于人类研究的一种方法[M].张小山，龙筱红，译.
　　重庆：重庆大学出版社，2015：44.
② 同上书，第50页。
③ 同上书，第52页。

对公开的情况下，局外人最有可能发挥作用。局外人进入现场后，可能会向研究对象提供某种帮助或服务，从而逐渐被接受，但此时还没有成为局内人，要想获得人类生活的深层意义，必须参与其中，扮演一定的角色。根据研究需要，角色也可以是多重的，这为研究者提供了不同的视角，丰富了研究视野。在扮演角色时，一些角色可能与研究者的自我概念产生冲突，致使现场角色很难维持，这就需要研究者对自身角色不断地进行重新定义。局内人在现场扮演一定的角色，可以比较透彻地理解当地人的生活习惯、行为方式和思维方式，但是处于同一文化中，也可能对研究对象的言行失去敏感性，忽视了一些被研究者的独特之处。

对于研究者参与程度过深，成为研究现象本身而不利于科学研究的质疑，作者认为显得过虑。研究者成为研究现象的一部分可以取得观察优势，但是会面临自我概念方面的问题，研究者需要在局内人的视角和分析框架之间来回转换，与同事交流有助于实现这种转化。参与研究的结果和过程都需要向大众公开，以供同行检验，研究者也可以组建团队和使用助手来进行分工，为研究提供多重视角，因此参与观察法是一种相对客观的研究方法。

（2）建立和维持实地关系

在参与式观察的过程中，需要与研究现场的人们建立并维持良好的关系，最理想的状态是建立一种信任和合作的关系。这对于顺利进入局内人的日常生活，获得丰富准确的资料非常重要。建立信任和合作的关系，可以依赖双方的互惠和交换，但是这种互惠更多的是非物质的和象征性的，以金钱或实际利益为交换方式，远不如建立在相互尊重和共同兴趣基础上的关系更加牢靠。

刚开始与局内人打交道时，需要运用一些策略来获得他们的接受与认可：一是尽可能低调地进入，克服被观察者对研究工作的偏见；二是表示不会泄露隐私，以获得他们的认可；三是尊重对方的信仰、价值观和活动。在得到对方的认可之后，更进一步的是与其建立融洽的关系，这期间需要一个深入而广泛的参与过程，表达关心、愿意倾听、寻找和创造共同经历、适当的自我暴露都可以缩小双方的距离。在交往的过程中，也会出现一些困难，比如一部分人采取漠视或敌对态度，研究受到自我概念的影响等。要理性地认识到交往的复杂性，交往的困难本身就是有用的信息，这些信息可以为研究者提供不同的研究视角，也会促使他进行研究反思。另外，自我概念的影响可以通过与同行交流进行化解。

（3）观察与收集资料

在参与观察的过程中，需要由无焦点式观察逐渐向焦点较集中的观察过渡。无焦点观察的主要目的是熟悉研究环境，这期间需要借助陌生感全面考察研究环境的主要特征，从空间特征入手，包括空间里的人和事物的总体特征以及组织形式。在熟悉了现场之后，可以聚焦性地关注自己的研究问题。不断调整聚焦点是一个循环往复的过程，观察、分析、重新定义、再观察，①这个阶段需要学会倾听，倾听会鼓励被观察者不断地发言，等到研究问题逐渐明晰时，就可以设计访谈提纲进行正式访谈了。访谈中，研究者的提问方式会影响获得资料的内容和深度，提问的技巧包括设计一些描述类问题和对比性问题、尽量少说、重复受访者的陈述、询问现象的构成等。访谈包括非正式访谈和正式访谈，非正式访谈相比随意交谈拥有特定的提问和回答的形式，有助于了解局内人的不同观点；而正式访谈需要准备结构性的问题表格，常用于研究后期，正式访谈可以获得高度一致的资料，能够使用更加量化的测量技术。还有一种特殊的访谈形式是深度访谈，研究者在参与观察过程中，可以确认一些关键信息提供者，对他们进行长时间的深度访谈，能够获得丰富且有价值的信息，关键信息提供者也可能会帮助研究者收集资料。有必要的时候，可以关注某位或多位局内人的全部生活，采用生活史的形式来呈

① ［美］丹尼·L.乔金森.参与观察法：关于人类研究的一种方法［M］.张小山，龙筱红，译.重庆：重庆大学出版社，2015：88.

现。除了访谈和观察，收集实物和不同类型的文献不仅能够佐证已有的研究发现，也可以丰富和发掘更多的内容。在参与观察的过程中，个人经验也扮演着重要角色，它帮助研究者参与现场和检验资料。

（4）观察记录

在参与观察的过程中，要及时地记录和整理田野笔记，运用纸笔、录音、电脑、摄影和录像等技术手段记录观察时间、地点、人物、事件等。研究初期要完备地记录日常事实，尽管不必系统地、有条理地记录，但要随时记录相关内容。随着研究的开展，记录应更有条理地聚焦到中心议题上。另外，研究的感觉、直觉和印象对于研究具有重要价值，记录下当时的情绪和感觉，甚至是瞬间的灵感，都会对研究主题的确定和资料的整理有重要帮助。

3. 观察后

（1）分析和理论化

当资料积累到一定程度时，就需要开始着手分析资料。对原始资料的编码和归档，有助于进行资料分析。编码和归档可以依靠一些分析策略完成，比如考察现象的基本特征的策略、在事实中寻找模式和关系的策略、进行对照和比较的策略等，运用简单的词或词组赋予事实以意义，并随着研究问题的聚焦对编码或关键词进行更加准确的界定，有助于构建理论体系。资料的分析、筛选、组织和重组是这样一个过程：

> 质性资料的分析是辩证的：资料被打散成为要素和组成部分；考察这些资料的模式和关系，有时要和源于文献、现存理论、现场工作中的灵感或常识性的怀疑等的想法相联系。带着某种想法将资料重新组合，对特定问题提供解释或说明；然后再对这个综合性材料进行评价和批判性的考察；它可能被接受也可能被完全拒绝，或者得到一定的修正。通常要不断重复上述过程以便进一步检验所获得的理论概念，扩大它的概括性，

或者增强它的实用性。①

对现场资料的理解和理论化，有几种不同的形式：第一种分析归纳法，由兹纳尼茨基(Znaniecki)提出，这种方法主要分为四个步骤："确定特定一类事实的基本特征；概括这些特征，假设较为基础的特征更为普遍，并以更多的形式存在；通过研究包括两种特征的事实类别，检验上述假设；在确定特定的形式时，以这些特征的功能为基础，将这些类别整理成一套系统。"②第二种敏感化概念，由布鲁默(Blumer)提出："敏感化概念是通过提供实际的经验性个案所表明的暗示和建议，让它的使用者意识到经验的一般特征。"③敏感化概念需要研究者考察现象的独特性以及使用语境，在个案研究中检验和修正。第三种扎根理论，由格拉泽(Glazer)和斯特劳斯(Strauss)提出，他们认为扎根理论旨在归纳性地建构理论，具体分为四个阶段：第一阶段需要尽可能多地给概念进行初步编码，在比较中建立起概念范畴；第二阶段需要整合概念的范畴及特征；第三阶段根据整合概念构建新理论，在这一过程中需要反复地比较、分析和修正；第四阶段用文字将理论表述出来。扎根理论是一个自下而上的建构过程，从经验资料出发，最终形成理论。第四种形式是存在主义的真理和理论，存在主义更加关注观察者的位置，认为依靠"常识"能够更好地发现和解释理论，存在主义者常用的分析策略是小组汇报和头脑风暴。第五种形式是阐释学理论，主要通过提问—解答的形式去解释人类的行为和生活方式，通过不断地诠释意义从而获得不同的理论视角。

(2) 撤离现场和交流成果

最理想的撤离现场的原因应该是实现了研究目的，但是在实地调查

---

① ［美］丹尼·L.乔金森.参与观察：关于人类研究的一种方法[M].张小山，龙筱红，译.重庆：重庆大学出版社，2015：117.

② 同上书，第 119 页。

③ 同注②。

中，研究者可能会因为一些其他因素不得不撤出现场，比如个人健康、安全、与研究对象的关系、研究时限等。研究者撤出以后，还可以重返研究现场，进行周期性的回访和研究。撤离现场最好控制在一段时间内，以便更高效地处理与现场的关系，进行资料分析。

研究成果可能在初入现场时就已经着手开始，在撤离现场后，研究者的主要精力就需要放在研究成果的撰写上。写作是一个需要反复修改的过程，初步的草稿不必雕琢词句，仅需要把自己的观点用简练通俗的语言组织起来，之后需要反复修改组织的顺序，理清逻辑框架。使用提纲和编辑工具是富有成效的修改策略，有助于写作者澄清思路，保证报告的简洁流畅。研究报告可能不会囊括全部的研究资料，写作时就需要舍弃一些资料，并将与主题相关的、不能在报告主体出现的内容放在附录、前言、后记、跋语或者注释中。作者为我们提供了一个有效的写作方法：

> 我发现最有效的方法是在撰写基本成果时，在心中记着问题的具体定义，然后再用草稿的形式修改问题的陈述，接着继续撰写相关部分直到认为充分阐明了基本的研究主题为止。下一步，写出摘要和结论部分，再利用它们撰写导言。从导言部分开始逐步写出报告的每一个后续章节，然后再改写摘要和结论。如果一切进展顺利，这个粗糙的初稿会被不断地修改和润色，直到它成为一份适于向专业人士交流的报告，最后或许会被正式出版。①

---

① ［美］丹尼·L.乔金森.参与观察法：关于人类研究的一种方法［M］.张小山，龙筱红，译.重庆：重庆大学出版社，2015：132.

二、《摩洛哥田野作业反思》导读

　　田野工作是人类学的研究路径,具体表现为"研究者对一个地方、一群人感兴趣,怀着浪漫的想象跑到那里生活,在与人亲密接触的过程中获得他们生活的故事,最后又回到自己原先的日常生活,开始有条有理地叙述那里的所见所闻"①。而民族志是田野研究的产物,是"一种扎进社区里搜寻社会事实,然后用叙述体加以呈现的精致方法和文体"②。

　　保罗·拉比诺(Paul Rabinow)的《摩洛哥田野作业反思》(*Reflections on Fieldwork in Morocco*)是一本反思自己在摩洛哥做田野研究的书籍,这一田野研究的民族志成果是《象征支配:摩洛哥的文化形态和历史变迁》(以下简称《象征支配》)。《象征支配》"作为一本出色的民族志,它通过周到的历史关怀,以行动者为导向的视角以及象征符号的历史串联将摩洛哥数百年中符号意义与政治、经济和生态意义栩栩如生地展现在我们这些遥想着'远方的文化'的读者面前"③。《摩洛哥田野作业反思》的意义在于,作者基于自己的经验对田野工作进行了哲学上的反思和批判,引领了民族志批判反思的潮流。

---

① [美]保罗·拉比诺.摩洛哥田野作业反思[M].高丙中,康敏,译.北京:商务印书馆,2008:1.
② 同上注。
③ 同上书,第163页。

（一）田野研究的流程

1. 选择田野地点

1968—1969 年,拉比诺在摩洛哥做田野调查,在这期间,"拉比诺主要跟随格尔茨在研究摩洛哥人的伊斯兰教、社会生活与现代性当中度过"。[①] 人类学是研究"他者"的文化,"要研究人的社会文化实践,就要带着对当前社会问题的反思和文体意识,到目标社区去体察(参与观察)和聆听(焦点访谈)他者的处境和需求,领会和描述他者的经历,了解目标社区和结构性事件的时空场景及其过程,呈现和阐释行事者行动的意义体系和结构条件"[②]。所以,拉比诺要做摩洛哥的田野调查就要前往摩洛哥,深入摩洛哥的社会文化中去。

拉比诺首先抵达的是塞斯平原,这是摩洛哥最丰饶的地区,曾是法国殖民统治最活跃的地区之一。而这只是他初到摩洛哥的落脚点,慢慢熟悉这里之后,他准备离开塞夫鲁,重新进入一个陌生的环境。在经过一番考虑之后,拉比诺选择了西迪·拉赫森·利乌西(Sidi Lahcen lyussi),这个村子是传统的宗教信仰中心,部族有复杂的生态环境,并且极具多样性,有利于开展人类学研究。

但在进入田野地点这一环节时,拉比诺遇到了困难。他在进入田野地点之前,已经与阿里(Ali)结识,并选择阿里作为自己的资讯人,但是阿里在摩洛哥属于边缘群体,受到排斥和鄙夷,所以利乌西村的村民们在知道了阿里和拉比诺的关系之后,十分抵制拉比诺进入该村。拉比诺各处斡旋,希望能够进入利乌西村,但是此事的决定权不在自己手上,拉比诺只好焦急地等待结果。最后,拉比诺通过政府关系,得以进入了利乌西村。拉比诺的经历为读者提供了一个值得深思的话题：人类学家进入

---

① [美]保罗·拉比诺.摩洛哥田野作业反思[M].高丙中,康敏,译.北京：商务印书馆,2008：16.
② 同上书,第 9 页。

田野地点,能给田野地点带来什么呢？反思了人类学家的作用,拉比诺认为,从村民的角度,人类学家既不能促使当地人的财富积累,更不能开阔他们的视野,那么研究遭到村民的抵制是合乎情理的。研究者应当考虑研究伦理问题,不能为了获取需要的信息,为了自己的职业而成为掠夺者。

2. 寻找资讯人

资讯人是田野研究的关键,作者与资讯人是雇佣的合作关系,资讯人必须足够了解自己的文化,且具有自我反思能力。"优秀资讯人的一项必不可少的品质就是将哪怕是最简单的(对他而言)及最明显的事情用各种方法解释清楚。"[1]找到合适的资讯人,对于田野作业大有裨益。

拉比诺在塞斯时,认识了旅馆的主人莫里斯·理查德(Maurice Richard),由于没有赶上合适的历史机遇,法国人理查德生活非常落魄。流利的法语使拉比诺和理查德沟通顺畅,理查德更多的是分享自己的遭遇,命运的捉弄以及自己身份的尴尬,在法国人和摩洛哥人中间进退两难。拉比诺的初始研究目的是研究乡村的宗教和政治,虽然和理查德的交流并没有获得足够多的信息,但这也算是有趣的经历。

拉比诺打趣道:"我已经处于一个相当理想的'人类学的'位置。我精通当地语言,熟悉当地文化,关心相关问题,毫无疑问还是个外来者……我既非支配者,也非服从者。我既能了解理查德,又能接近年轻的法国人。他们相互关系的整体结构易于说明,相关各方都需要寻找一位外来的观察者,向他讲述他们的困境和思考。我既不会威胁到他们,也不能给他们提供直接的经济和政治帮助。回想起来,这种人类学调查是颇为理想的。"[2]这段话其实是拉比诺对田野作业过程中研究者角色,以及研究者与研究对象之间关系的反思。

---

[1] ［美］保罗·拉比诺.摩洛哥田野作业反思[M].高丙中,康敏,译.北京:商务印书馆,2008:96.

[2] 同上书,第35—36页。

3. 进行田野观察

（1）参与观察

"无论'参与'能推动人类学家在'不把他人当他者'的方向走多远，情景最终仍被'观察'和外在性所决定。"①拉比诺认为，"观察"与"参与"的关系是观察处于指导地位。参与观察是田野研究的重要研究方法，参与和观察的关系要时刻把握与协调，如果只参与但没有细致观察，得不到材料；但如果只观察，而不能亲身参与，那么得到的田野材料则可能是不充分的。

（2）培养信任

"人类学作为研究文化、理解人性、阐释地方知识和促进跨文化交流的学科，因此就离不开对具体时间、空间和行动主体的经历及其社会处境的把握。"②田野研究必须和田野中的人打交道，所以研究者和研究对象之间的相互信任就非常重要。在这本书中，可以看到为了获取利乌西村村民的信任，拉比诺尽可能地接受村里人对他的安排和要求，无奈忍受资讯人和村民们对他本人和汽车的利用。这其中是不断互动和关系运作的过程，在村民对他的不断考验后，拉比诺终于获得了村民的接纳，从而逐步获取了需要的田野材料。

（3）参与日常生活

田野调查意在感受当地人的生活，从日常生活中感受异文化。拉比诺的阿拉伯语老师易卜拉辛（Ibrahim）是他的第二个资讯人，在一次出行过程中，易卜拉辛声称自己忘记带足够的钱付房费，试探作者是否愿意为其支付。③ 这件小事，让作者感受到了"他性"（otherness），他们彼此对人际关系的界限、金钱的考量不同，其实背后存在更庞大的文化系统。

① ［美］保罗·拉比诺.摩洛哥田野作业反思［M］.高丙中，康敏，译.北京：商务印书馆，2008：84—85.
② 同上书，第 8 页。
③ 同上书，第 43 页。

"我们假设在日常生活中，当一切平稳地运行时，人们分享所谓的生活世界——某种关于社会世界的性质和社会角色、关于事件如何发生以及它们或多或少意味着什么的基本假设。这种意义结构作为所有文化的一种必要基础，可以使行动者日复一日、每时每刻地继续他们的生活，而不必在他们每次相遇的时候从头重构社会关系。"①

（二）捕捉研究的关键：资讯人

1. 资讯人及其他

拉比诺在《摩洛哥田野作业反思》中讨论了人类学家与资讯人的关系，"这并非一种对等关系"②，资讯人和人类学家只有少部分的相处时间，一天中的剩余时间，资讯人还是要回到自己的生活中去。所以人类学家要学会控制，但资讯人只要是"他自己就好了"。③ 拉比诺在摩洛哥田野研究时，共有三名风格迥异的资讯人，分别是阿里、拉仕德和马里克。

（1）阿里

在第三章《阿里：一个局内的局外人》，拉比诺详细描述了与阿里的交往。阿里是一名优秀的资讯人，尽职尽责。在寻找阿里的过程中，作者无意观察到了摩洛哥人的茶文化，"茶饮的准备与消费是现实慷慨与交流的日常仪式，但已构成很大的经济负担"④。这是摩洛哥人生活矛盾的地方。

阿里是宗教中心的治疗师，在观察了阿里的一整套治疗流程之后，拉比诺感到了惊讶，而在这之后对阿里的询问更让他的常识世界产生了变化。⑤ 不仅如此，拉比诺对阿里治疗方式的不断关注、鉴别和分析也使得

① [美]保罗·拉比诺.摩洛哥田野作业反思[M].高丙中，康敏，译.北京：商务印书馆，2008：44.
② 同上书，第 12 页。
③ 同上书，第 58 页。
④ 同上书，第 48 页。
⑤ 同上书，第 51 页。

阿里不得不反思自己的行为。在这里,拉比诺思考了一个非常重要的问题：与资讯人的不断信息沟通,"出现了双方对经验和理解的共建过程"①。

拉比诺同阿里一起参加婚礼,观察摩洛哥人的仪式表演,这是阿里作为资讯人给拉比诺带来的极大好处。不仅如此,阿里的祖先是圣人,阿里又是兄弟会的一名成员,这样复杂的身份使得拉比诺更容易参与观察摩洛哥乡村兄弟会的活动。他跟随阿里一起参与了一场"夜晚"仪式,有火的表演和舞蹈演出,拉比诺认为："这些形式表达得很成功,精神分离的引导功能很有用,这一宗教仪式为其教徒提供了精神宣泄及短暂的解脱。"②

拉比诺在理解上述表演的基础上,提出更进一步的思考,界限明显的异文化很容易理解并且诠释,但是"绝大部分文化差异正是植根于日常的活动及常识性的推理中,即界定不那么清晰、外在表现不那么明显的领域"。拉比诺强调了田野研究中日常生活的重要性,尤其是在与仪式的对比下,"仪式固然有其复杂性,但却不同于那些为社会生活带来一致性的更为松散的、零碎的和局部的安排"③。

通过阿里,拉比诺还了解到了摩洛哥重要的亚文化群体：妓女。阿里操控着一个卖淫组织。在摩洛哥文化中,妻子和给自己带来快乐的女人有着明显的区分。这些女孩子从事卖淫服务,赚取金钱,在几年后也会结婚,她们已经丧失了声誉,但却也拥有巨大优势：较为富裕。④

(2) 拉仕德

在西迪·拉赫森·利乌西这个田野点,作者的第一个资讯人本来是阿里的堂弟——麦基(Mekki),他是个 20 岁的兼职羊倌和商店售货员,但麦基缺乏才智,并不能胜任资讯人的工作,所以导致了拉比诺在

---

① [美]保罗·拉比诺.摩洛哥田野作业反思[M].高丙中,康敏,译.北京：商务印书馆, 2008：51.
② 同上书,第 66 页。
③ 同上②。
④ 同上书,第 67 页。

田野研究工作的许多困境，最后拉比诺和他结束了合作关系。之后，拉比诺遇到了拉什德(Rashid)，拉什德的父亲是一名富裕的商店老板，拉什德本人"敏捷、聪明、敏感，装着村中每个人的流言与诽谤"。① 拉比诺与拉什德的合作关系是拉什德主动提出的，他对利乌西村非常了解，帮助了拉比诺绘制地图。

(3) 马里克

在西迪·拉赫森·利乌西期间，马里克(Malik)是拉比诺的主要资讯人和最亲近的助手，马里克智商卓越，拉比诺认为"他聪明、耐心、有决断力"②。马里克敏感且体质较弱，所以他在村子里及家中更多的是从事脑力活动，极力地去避免体力活动，这也是他主动来找拉比诺想做资讯人的原因。拉比诺与马里克的互动关系不同于和阿里之间的随意，而是更具有契约性。马里克主导了这段关系，在对工作内容有所不满时，马里克会主动和拉比诺沟通，修改合同，以便更好地合作。

2. 帮助者

阿里、拉什德和马里克是拉比诺在摩洛哥田野研究的三个主要资讯人，除了他们，拉比诺在摩洛哥也遇到了其他帮助者，有旅馆主人理查德、阿拉伯语老师易卜拉辛、成为朋友的默罕默德 (Driss ben Mohammed)。他们三人在不同程度上都帮助了拉比诺在摩洛哥的田野工作。理查德是拉比诺到达摩洛哥接触的第一个人，虽然没有给拉比诺的田野研究提供丰富材料，但他展现了在摩洛哥作为一个边缘人的处境，也让拉比诺去思考历史与人的关系，这对应着本书第一章的标题"垂死的殖民主义的残余"。

易卜拉辛是拉比诺的阿拉伯语老师，他是一位富裕勤奋且有抱负的店

① [美]保罗·拉比诺.摩洛哥田野作业反思[M].高丙中，康敏，译.北京：商务印书馆，2008：97.
② 同上书，第 102 页。

主，是一名"融合了社会科学家所谓的传统与现代的人"①。拉比诺跟着易卜拉辛学习阿拉伯语，易卜拉辛"作为欧洲社区和摩洛哥社区之间的中间人，将这种身份变成了一种职业。他是商品和服务的包装者、传输者、中间人、政府信息的官方翻译者"。所以，他的阿拉伯语教学是十分合格的，但无奈拉比诺的学习实在困难颇多。② 在和易卜拉辛相处的过程中，拉比诺感受到了自己所在文化与摩洛哥文化之间的张力，体验到"他性"。由于摩洛哥文化中常见的贪婪与唯利是图，易卜拉辛一直把拉比诺当作一种资源，不断试探。"常识、日常活动的意涵往往超过其自身。易卜拉辛和我来自不同的文化，我们在拉喀什对日常生活之意涵的理解是截然不同的。"③

德里斯·本·默罕默德是一名快乐的年轻人，他拒绝成为拉比诺的资讯人，但奇妙的是拉比诺和他在没有对彼此充分了解的情况下就有了一种奇怪的信任。在摩洛哥的文化中，主人与客人的关系是很微妙的。主人是慷慨大方的，"如果客人接受了主人的慷慨，那么他们之间就形成了一种支配关系。主人为客人提供食宿和照顾的同时也是客人承认主人权力的象征物"④。这样一种关系，曾导致拉比诺与阿里的冲突。但在默罕默德这里，却成了他和拉比诺成为朋友的基础。默罕默德将自己当作拉比诺的主人，他认为拉比诺"应该怀着敬意待我"⑤。

拉比诺认为与默罕默德最有意义的谈话是对彼此传统关系的讨论。默罕默德对宗教的认知使得他十分矛盾，一方面他认为自己应该秉持人类学家的本分，不干预当地人的想法，但另一方面他又感到十分愤怒，通过不断地沟通使得默罕默德必须自我反思自己的观点。

---

① ［美］保罗·拉比诺.摩洛哥田野作业反思［M］.高丙中，康敏，译.北京：商务印书馆，2008，39.
② 同上书，第 42 页。
③ 同上书，第 44 页。
④ 同注③。
⑤ 同上书，第 135 页。

（三）资讯人的矛盾与冲突

毋庸置疑,资讯人给拉比诺的田野研究工作提供了诸多的帮助,但是在不同程度上,资讯人也给他带来了麻烦。

在进入利乌西村之前,就有村民因为阿里的边缘行为,导致拉比诺被"连坐",不被认可与接受,所以不允许他进入利乌西村,虽然问题最后得到解决了,但这提醒了拉比诺——资讯人的影响是双面的。在第三章中,拉比诺详细描述了与阿里的一次冲突,这次冲突非常严重,导致他要放弃阿里这一资讯人。拉比诺十分后悔,因为和资讯人的关系出现了裂缝可能会使得自己无法继续在田野地点更好地呆下去。

在与拉仕德合作的过程中,也有村民干涉,告诫拉比诺不该和拉仕德发生联系,因为"他是只危险的野兽"①。拉仕德的品性一直受到村民的攻击。他与拉比诺的合作关系也受到了村民的抵制,这给拉比诺添了不少麻烦,但最后都迎刃而解,拉仕德逐渐得到了拉比诺的认可。不过,由于拉仕德父亲的某些行为在村子里不被接受,所以村民与拉仕德有着隔阂甚至仇恨。在这样的情况下,拉比诺在与拉仕德相处的过程中不得不更加小心和谨慎。最后拉仕德的父亲执意要拉比诺在拉仕德和村内的其他人间做选择,使得他十分纠结,直至拉仕德的主动退出才让问题得以解决。

在西迪·拉赫森·利乌西,拉比诺不是只和马里克这个资讯人呆在一起,他依旧坚持和村民们一起工作。大约一个月左右,村民们慢慢接纳了拉比诺,但这超出了马里克的控制,他变得更加紧张和焦躁。所以他给拉比诺提出了要求,试探拉比诺是否愿意出手相助。拉比诺虽然不悦,但最后还是答应了马里克的要求,虽然这导致了他们俩的关系变得尴尬,甚至一度是冷战状态。随之而来的是村子里其他人对汽车的使用要求,这使得作者十分烦躁,但却无能为力。

---

① ［美］保罗·拉比诺.摩洛哥田野作业反思［M］.高丙中,康敏,译.北京:商务印书馆,2008:97.

人类学家和不同资讯人之间的矛盾是不可避免的，拉比诺在与阿里起冲突之后，就在书中这样说："我必须明白我的角色地位，如果资讯人永远是对的，那就意味着人类学家必须成为一个非人（non-person），或者更确切地说，一个完全的角色。他必须愿意以微笑的观察者身份进入任何情景，经过考虑仔细地记下事件的具体特性。"①

（四）不同资讯人的相互补充

"作者接触的摩洛哥社会最外层是一个开旅店的法国失意商人理查德。他身在摩洛哥却是局外人，或者说是法国边缘人。第二层是摩洛哥人与外国人之间的文化掮客，作者的阿拉伯语教师易卜拉辛。他是摩洛哥边缘人，但已能让作者领教到摩洛哥人的他者性。第三层是来自西迪·拉赫森·利乌西村的塞夫鲁居民阿里。他是当地城市社会与乡村社区之间的中介，因而能把作者引荐进村里。到此为止，作者遇到的都是起桥梁作用的各种边缘人，但个个都有影响力。"②

拉比诺接触的每一个人都是不同的，他们每个人擅长的方向也不同，所以帮助了拉比诺补充材料和信息，也使得消息更为多元。

"阿里聪明、学习很快、有耐心、肯合作、精力充沛"，更为重要的是，阿里"更注意对自己的社会和个人地位进行反省"③，阿里拥有更多的自我意识；拉仕德是具有反叛个性的人，热爱冒险与快乐，所以虽然因为资讯人这一角色已经使其在村里变得稍微有些危险，但拉仕德依旧选择与拉比诺合作；马里克非常勤奋和有条理，虽然没有摩洛哥人的鉴别力，但他极有规律的工作习惯弥补了这一不足。拉比诺有幸在摩洛哥遇到了不同风格的资讯人，他们互相补充，给他展现了摩洛哥人民的不同风貌，

---

① ［美］保罗·拉比诺.摩洛哥田野作业反思［M］.高丙中，康敏，译.北京：商务印书馆，2008：57.
② 同上书，第 12 页。
③ 同上书，第 81 页。

有助于作者的田野工作研究。

（五）超越田野研究

拉比诺在和马里克深入调查村子里的家庭经济时，让马里克逐渐意识到了自己的财产状况以及他的经济地位，这给马里克相当大的冲击，因为马里克之前对自己没有清楚的认知，所以拉比诺的一系列调查使得马里克不得不反思自己。在田野研究工作中，人类学家对当地不产生影响的可能性是很小的，不论在哪种程度上，人类学家的存在与行为都会产生一点影响。"于是，人类学的分析必须结合两个事实：首先，我们自身是通过我们提出的问题和我们寻找理解与经验这个世界的方式而历史地存在的；其次，我们从我们的资讯人那里得到的是解释，解释同样是以历史和文化为媒介。因此，我们收集的数据是被双重调节的，首先由我们自己的存在，然后是我们向资讯人要求的第二层的自我反省。"①拉比诺虽然没有改变马里克的世界，但给了马里克新的思考方式，使他对世界有了不同于之前的认知框架。

拉比诺在摩洛哥观察到的现象，是具体的事实，他曾天真地以为"一旦事实被收集起来，仿佛它们自己就能进行解释"②。但拉比诺看到了事实背后的东西，作者之前观察到的摩洛哥是一个没有充分就业的第三世界国家，经济欠发达，人们焦虑和无所事事。这些现象看起来是"不证自明的"③，但必须对宗教、社会、历史、生态、政治和心理等加以考虑，摩洛哥的经济状况才能得到解释。所以这也指明了人类学家的田野工作就是"要将我的抽象概念与直接感知的村庄日常生活的现实相

---

① ［美］保罗·拉比诺.摩洛哥田野作业反思［M］.高丙中，康敏，译.北京：商务印书馆，2008：115.
② 同上书，第116页。
③ 同上书，第118页。

联系"①。

（六）理解他者、理解自我

"必须对田野作业进行反思，必须反思它的历史情境；必须反思它的体裁约束；鉴于田野作业与其殖民地和帝国的过去的关系，必须反思它的存在和价值；必须反思它的未来。"②在《摩洛哥田野作业反思》中，拉比诺真诚地向读者展示了他在摩洛哥田野期间的经历，读者可以看到人类学家发怒、生气、纠结甚至是后悔的瞬间，这种对田野作业经历进行反思的方式对人类学界产生了影响。

拉比诺写这本书时，人类学家多半还"认为研究者与研究对象的关系是主体之于客体，先知面对后觉。拉比诺针对这一成见提出一个新信条：人类学家与研究对象是平等的实践主体"③。在这本书中，读者可以看到拉比诺在和不同资讯人之间的相处过程中，收获到的帮助和快乐，但田野工作更需要彼此之间的合作，能够维系合作不是那么简单的，需要两个人不断为关系添砖加瓦，以及更好地认识到关系的界限与定位。

在高丙中写的总序中，他提到民族志是呈现社会事实、发现或建构民族文化的文体④，拉比诺的这本书就是对人类学家完成一本民族志之前所要做的工作的系统性反思。前三章主要讲述了拉比诺与三位摩洛哥当地人的相处。第四章开始叙述拉比诺进入田野地点的艰辛。第五章重点反思了对"事实"作的阐释。第六章简短地指出拉比诺与资讯人的关系，这中间合适的尺度是怎样的。第七章讲述拉比诺对村民提出的

---

① ［美］保罗·拉比诺.摩洛哥田野作业反思［M］.高丙中，康敏，译.北京：商务印书馆，2008：118.
② 同上书，第 5 页。
③ 同上书，第 14 页。
④ 同上书，第 4 页。

有关当地的问题，启发了村民去求知，令当地人更多地意识和认识自我。在该章中，拉比诺描绘了参加朝拜的具体情形，观察宰牛的图景，这是他对摩洛哥文化不断深入了解的一个阶段。第八章主要叙述了拉比诺和默罕默德的友谊。

正如拉比诺本人所说："本书使用的是现象学办法，研究的是阐释学问题。"①他认为："阐释学的要旨，是通过对他者的理解来反思性地理解自我的社会和文化。那就是通过把研究对象主体化而把研究者自身客体化的办法，来达到理解对方、反思自身和追求互主性的目的。"②

拉比诺要想完成对摩洛哥的人类学田野研究就一定要对阿拉伯文化有深入理解。幸运的是，拉比诺结识到了优秀的阿拉伯语老师易卜拉辛；在和阿里的相处过程中，接触到了妓女这一群体；在利乌西村，他更是亲身感受到了宗教的力量。虽然拉比诺的阿拉伯语水平进步缓慢，但也可以初步和当地人交流，当他到达田野地点之后，和其他人类学家一样，会注意观察房屋、地形、村民的着装与姿态。在第四章，拉比诺详细描述了自己与村民之间存在的文化上的冲突。

阿里的几个朋友都在某种程度上帮助了拉比诺，虽然他们不是资讯人，但与他们的相处也是对拉比诺结构性田野工作的补充。由于资讯人是人类学家有意识地训练和培养的，所以其他人的材料和视角可能会更新颖，在与他们的相处过程中，拉比诺没有占据主导地位，但"未能在相互交往中占据主导位置也有它的好处，不受控制的访谈反而丰富了田野作业。"③

在这本书中，拉比诺还给读者们展示了田野工作中"偶然"的重要性。在对田野工作的把控中，人类学家并不具有百分百的控制性，在很

---

① ［美］保罗·拉比诺.摩洛哥田野作业反思[M].高丙中，康敏，译.北京：商务印书馆，2008：11.
② 同上书，第12页。
③ 同上书，第118页。

多情况下被牵着鼻子走是常见现象,而出现的困难甚至是解决方法很有可能是偶然的因素,影响田野工作的进程。

在第四章,拉比诺提到了这样一种现象,即村里人对人类学家的讨论和思考,这也对应了拉比诺在之前曾思考的问题,即人类学家对田野地点有什么帮助。他甚至毫不避讳地指出,为了获得田野资料的收集,自己曾做出某些事,有意让村民不安,而这是否越界,是读者们可以思考的问题。

在结论中,拉比诺提到文化就是阐释①,人类学家到田野中去就是阐释。人类学家是无法中立的,而且人类学也是跨文化的,他尤其强调了人类学家和资讯人的交流"常常是艰苦而局部的"②。不同于完成的民族志学术成果,拉比诺诙谐地说道:"人类学家的大部分时间都消耗于以下诸事上:枯坐以待资讯人,帮忙做点事情,喝茶,整理谱系关系,调停争斗,为四处奔走而烦恼,徒劳无功地尝试着小小的攀谈——所有这些都在他者的文化中进行。"③

田野工作是"一个交流的阈限模式的主体间建构的过程,互为主体"④。拉比诺的这一观点在当时的人类学界是十分新颖的,首先理解他人,才能理解自己。人类学的民族志著作产量丰富,但对于田野作业的反思性书籍是比较少的,《摩洛哥田野作业反思》是拉比诺对自己曾经在摩洛哥的田野经历进行的反思,说明了田野工作进程的困难、枯燥与无奈,向读者展示了民族志背后的世界。

---

① [美]保罗·拉比诺.摩洛哥田野作业反思[M].高丙中,康敏,译.北京:商务印书馆,2008:143.
② 同上书,第 147 页。
③ 同上书,第 146 页。
④ 同上书,第 147 页。

第 2 章
方法流程：从"参与"到"观察"

想要完整地进行一次参与观察,需要遵循的流程大体如图2-1
所示:选择观察主题—选择观察地点与对象—选择观察策略—进
入观察现场—建立和维持实地关系—参与观察—访谈、提问与收集
资料—撰写笔记、保存记录、制作档案—撤离现场、交流成果。

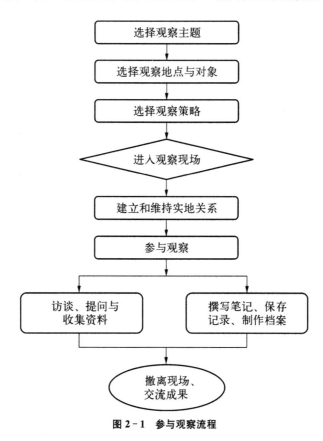

图2-1 参与观察流程

一、选择观察主题

当研究者选择参与观察作为自己的研究方法时,需对自己的观察主题进行大致界定。研究者需要对所感兴趣的主题有一个大致的想法,同时反复思考斟酌这个研究主题是否适合采用参与观察的方法进行研究。参与观察法并不适用于所有的学术问题,其特别适合探索性研究、描述性研究和旨在进行理论阐释的研究。研究者选择观察主题时,需要具备以下基本条件:

● 所研究的问题是从局内人的角度看的,涉及人类的互动和意义。

● 所研究的现象在日常生活情境或场景中可以观察得到。

● 研究者可以进入合适的现场(setting)之中。

● 现象的规模和范围都相当有限,可以作为个案研究(case study)。

● 所研究的问题适合个案研究。

● 所研究的问题可以用质性的资料加以说明,这些资料可以通过直接观察和适合该场合的其他方法来收集。①

---

① [美]丹尼·L.乔金森.参与观察法:关于人类研究的一种方法[M].张小山,龙筱红,译.重庆:重庆大学出版社,2015:3.

对于观察主题的选择，一种途径是可以从个人或自身经历、现存理论或研究、社会问题等获得启发；另一种途径是研究者可以从一个人类的活动现场开始，以局内人的角度出发，对这个活动现场的情境和场景进行观察，运用参与观察法发现所要研究的问题。

观察主题的选择还需要注意伦理问题。此外，研究者确定观察主题时，应该反复思考自己进行的研究活动是否会对特定的环境下的被参与观察者产生危害。研究者进入观察地点以后，始终应该在参与、互动、发展和他人的关系过程中，把研究的伦理问题作为一条隐形的"规范要求"贯穿。

例如，研究者想要运用参与观察法澄清、详述和进一步界定某个主题时，除去判断这个观察主题是否适合参与观察，是否符合研究伦理，还应该提前思考运用什么方法可以在观察主题中进一步界定和提炼问题、怎么运用这些方法、方法可行性如何、可能遇到的问题有哪些、该怎样解决这些问题，这些都是应该在选择观察主题时提前进行思考与判断的。

二、选择观察地点与对象

在对所感兴趣的研究主题有一个大致的想法和方向以后，研究者应开始对观察的地点与对象进行选择，这两个步骤往往是同步的，一个观察研究的主题的确定往往建立在对某一个观察地点和对象大致的把握和认识之上。而观察地点与场所有显性和隐性、开放和封闭的分别。一些场所如学校、医院、社区、公园、健身房、操场、食堂等，公众基本都能得知其相关信息，这就是显性的；相反，一些场所和环境从局外人的角度来看较为模糊不清、不甚了解，如后进生群体的活动、变性人群体的活动、武术学校的学武学生等，这些都是较为隐性的。而观察地点与场所的开放和封闭就更好区分了，"无需多少协商即可进入的现场是比较开放的（open），需要大量协商方可进入的现场是比较封闭的（closed）"①。研究者在选择观察地点时，应考虑到观察地点的特性。

例如，一个研究者如果想对健身房中青年人群进行有关运动情况主题的观察研究，必须找到一个具有较多青年群体的健身房作为观察地点，并且健身房可以允许观察者以某种不引人注目的形式深入到这个场域中进行观察。如果该研究者找不到一个合适的健身房，或是找到了一个健身房但是自身的观察会受到一定的限制，比如健身房拒绝观察的请求或限制观察的次数，这都会大大影响观察

---

① ［美］丹尼·L.乔金森.参与观察法：关于人类研究的一种方法[M].张小山,龙筱红,译.重庆：重庆大学出版社,2015：37.

主题的可操作性。

　　因此,在研究者初步确定了研究主题后,就应该马上去选择合适的观察地点和对象,并判断其可操作性和典型性。"从一般性的问题发展到选择合适的研究现场的过程中,应该认真评估选择现场的方法,因为现场对所要研究的问题有限制和促进作用。常识通常是做出这些决定的坚实基础。"①

　　一方面,研究者需要非正式地考察多个研究地点,并对其进行深入了解,判断研究地点是否适合已经初步设定的研究问题,从几个地点中选择出较为合适的一个研究地点。在选择时需要考虑的是这个地点是否影响你的研究问题。如果是,那么会在哪些方面影响你的研究问题。另一方面,对观察地点的选择也很大程度受到研究机会和便利条件的影响。观察地点的选择需要在研究者可利用资源的合理范围内,这样有利于观察者以一种不引人注目的方式获得角色进入到观察地点并进行研究。例如,一位研究者选择以"公办小学低年级课堂师生互动"作为自己的观察主题,他就需要拥有能在一定时间段里进入一所公办小学进行课堂观察师生互动的资源,这种资源的获得往往与研究者的社会资本和文化资本挂钩。又如"一个黑人研究者想要潜入三 K 党会异常困难。生理因素对进入环境有着极大的限制"②。故而,"参与观察现场的选择,要依下列条件而定:是否能够进入现场;参与者有可能充当的角色范围;该角色能否较深入地接触所要研究的现象"③。

　　同时,研究者在选择参与观察的地点和对象时,仍应该考虑自身的研究兴趣和能力。许多研究者由于自身之前的个人兴趣深入到某个情

---

① ［美］丹尼·L.乔金森.参与观察法：关于人类研究的一种方法［M］.张小山,龙筱红,译.重庆：重庆大学出版社,2015：34.

② ［英］马丁·登斯库姆.怎样做好一项研究——小规模社会研究指南(第 3 版)［M］.陶保平,等,译.上海：上海教育出版社,2011：185.

③ 同注①,第 35 页。

境或场所,并对其产生深入的了解,才会产生研究问题,制定研究主题,
选择参与观察的地点进行研究。例如,"穆尔斯泰德(Molstad)在将单调
乏味的工作作为其学术的研究主题之前,就在啤酒灌装厂工作了相当长
的时间"①。博尔斯基(Polsky)指出:"因为经过一段'挥金如土的青春
期',他已经是一个熟练的台球玩家了,所以他才得以作为一个参与式观
察者去研究台球房欺诈行为。"②相反,如果一个研究者对某个观察地点
或场所中的群体活动产生抵触,不愿与局内人产生良好的亲密互动,或
者没有足够的时间和资源能持续多次进入现场,这都会降低参与观察的
可靠性和客观性。

---

① [美]丹尼·L.乔金森.参与观察法:关于人类研究的一种方法[M].张小山,龙筱红,译.
重庆:重庆大学出版社,2015:34.
② [英]马丁·登斯库姆.怎样做好一项研究——小规模社会研究指南(第3版)[M].陶保
平,等,译.上海:上海教育出版社,2011:185.

三、选择观察策略,进入观察现场

"进入人类活动场所有两个基本策略。研究者公开地要求准许观察,这种策略叫做公开式进入(overt)。"①除了这种受到许可就可以进入观察现场并不涉及伦理问题的策略之外,还有一些研究主题或是对局外人较为封闭,或是无法通过协商获得许可进入现场,"这时则需要另一个基本策略——隐蔽式(covert)进入。在这种情况下,研究者扮演某个参与角色,而向不同现场的人们透露正在进行的研究(douglas)"。②

公开式进入的观察策略是目前参与观察最为理想的方式与方法。这种方式一般都是获得"守门人"的同意,并以这种同意作为对自身研究的认可的符号,以此为契机创造局内人对研究者的信任和支持,建立初步的、有序的、良好的相互交往关系。"在争取得到参与观察许可的过程中,研究者应该向有关当局(董事会、主管等)呈递一份参与观察计划书的复印本。计划书包含研究计划的纲要、基本目的和目标;还应陈列充分的理由,说明允许进行这项研究符合当局的利益;预备如何处理可能导致研究请求遭到拒绝的一些问题,如政治或道德的敏感性,以及对研究结果的顾虑等。"③

例如,一位研究者想以公开式进入的观察策略进行有关于城市

① [美]丹尼·L.乔金森.参与观察法:关于人类研究的一种方法[M].张小山,龙筱红,译.重庆:重庆大学出版社,2015:40.
② 同上书,第44页。
③ 同上书,第41页。

公办学校代课教师角色认同的研究,他就需选择一所具有一定数量代课教师的城市公办学校作为观察地点,并获得这所公办学校的校长或者管理部门的准许。因为学校是一个对局外人封闭的现场,一些遭到拒绝的原因往往难以预料,研究者在向学校管理者提交正式的研究计划书之前,就可以与管理者进行一些非正式的商讨,阐明研究符合对方的利益,强调后期观察报告撰写发表时隐去学校的名字,从而来消除管理者的顾虑。更重要的是,如果研究者获得了管理者的有力支持,那么进入观察地点进行参与观察的可能性和自由度也就越高。一旦该研究者获得学校校长的支持,那么他就可以更加自主地选择到代课教师的课堂听课、观察,也能以实习教师的角色进入代课教师所在的办公室进行参与观察,深入了解代课教师日常教学活动和其他群体之间的关系。除此之外,该研究者也能获得编制教师和其他管理者群体的信赖,更好地获得不同群体对待代课教师的看法与态度。

又例如,"沃纳(Warner)进入美国北方扬基城时得到了社会领导的支持。重要信息提供者帮助怀特(Whyte)深入街角的活动,帮助安德森(Anderson)进入杰利的酒吧(Jelly's Bar)。同样,李伯(leibow)成为泰勒角(Tally's corner)的局内人,也是得到了作为发起人重要信息提供者的支持"①。

但研究者在运用公开式进入策略进入观察地点时,也需要提醒自己"并不是要向每个人说明研究的兴趣(研究的真实目的),相反,在公开进入研究现场之后,也只有少数几个人知道与研究目的有关的情况"。这样有利于观察现场的情境维持,将干扰项降到最低,减少局内人因得知自己处在被观察的位置上而故意表演、掩藏、遮盖事实的可能性。

如果研究者确定的观察地点较为隐性和封闭,这时候就需要他选择

---

① [美]丹尼·L.乔金森.参与观察法:关于人类研究的一种方法[M].张小山,龙筱红,译.重庆:重庆大学出版社,2015:42.

另一种观察策略,即"隐蔽式进入",来扮演某一个角色进入观察地点与局内人进行互动。这种策略能够使研究者在自然的情境下进行观察。例如,一个研究者如果想以学生社团亚文化作为研究主题,观察场所较为隐性,他就扮演一个合适的学生角色融入学生社团亚文化群体之中,并与亚文化的群体建立、维持良好的亲密互动关系,从而进行参与观察。如果该研究者明确以研究参与观察的角色靠近该群体,那么被置于"放大镜"下,该群体可能就无法维持正常的情境,研究者就无法更加深入地探寻该群体较为隐蔽和隐性的内容。

例如,"克兰迪宁(Clandinin)为了研究教师的课堂形象,以教师助理的身份进入现场。布罗海德(Broadhead)利用职业培训课程中和学生相处的机会,进入他们的私人生活。作为众议院某个团体中的一员,弗洛登堡(Fruedenburg)得以对议会文化进行参与观察研究"①。

但这种隐蔽式进入的观察策略违背了被研究者具有知情权的研究伦理,有一定的争议性。研究者选择这种方式进行参与观察,更好的方式是当研究者与局内人建立、维持良好的关系之后,再将自己的研究目的告知。

判断该以何种策略进入现场,这基于研究者对于观察地点的深入了解和自身判断。"进入现场是参与观察法运用中最困难、最麻烦的环节之一,然而它也为研究者的创造性工作提供了很大的空间。"②研究者首先应判断该场地是否能够获得观察许可,并以公开式进入的策略进入现场的可能性。因为一些场地的政治性、封闭性、敏感性等情况,研究者往往难以在公开情况下获得观察许可并遭到拒绝。如果研究者预估一个观察地点公开获得观察许可的成功率较低,这时就不应该盲目地提出申

---

① ［美］丹尼·L.乔金森.参与观察法：关于人类研究的一种方法[M].张小山,龙筱红,译.重庆：重庆大学出版社,2015：44.
② 同上注。

请,而应采取另一种基本策略——隐蔽式进入。一旦研究者不考虑公开式进入观察场地的可能性而提出申请并遭到拒绝,那就很难以隐蔽式进入的策略进行研究了,因为此时的研究者已经不再"隐蔽",很难再进入观察现场参与互动了。

四、建立和维持实地关系

当研究者顺利地进入观察现场之后，就需要开始考虑如何与局内人建立和维持信任、合作、友好的关系。良性关系的建立和维持有利于研究者获得局内人的信任和依赖，从而提高获取的资料的质量。"实地现场中参与观察者与局内人之间的信任与合作关系，是顺利进入局内人的日常生活，获得他们的世界的准确可靠的高质量资料所必不可少的。"①但是研究者与局内人建立和维持实地关系，是一个需要一定策略且持久努力的不断变化的过程。

首先，研究者需要获得局内人相对的信任和合作，这是努力互动的结果。研究者应该有意识地自我呈现，向某几个核心人员或大范围的局内人表现出友善和值得信任，努力与其建立一种信任和合作的关系。如有可能，更可以把这种关系发展成一种亲密关系，并且"人们之间的信任与合作很大程度上受到环境和情境的影响，你应该有意识地培养并掌握识别和理解社会互动情境的技巧。"提高情境互动的质量，使得局内人在与研究者的交往、交流中感到更加自在，这是建立和维持关系的重要一项。同时，研究者也应该不断完善和发展自己已有的人际交往技巧。

其次，为了与局内人建立信任和合作的关系，研究者还要学会与局内人互惠和交换的策略。局内人往往不会认为研究者对其的

---

① ［美］丹尼·L.乔金森.参与观察法：关于人类研究的一种方法［M］.张小山，龙筱红，译.重庆：重庆大学出版社,2015：71.

研究于自身有何价值，这时候就需要通过向其提供有价值的东西来交换并获得信息。"比较合适的办法往往是，对那些协助收集资料的人付钱，或者赠送其他有价值的礼物作为回报。但是要注意，在这种文化中，朋友之间可以交换好处或实物（包括金钱），但是这些东西不可能既换得友谊又不带来任何负面后果。"①同样一些不涉及金钱的公平互惠互换可以巩固信任和合作关系。例如，尊重、表扬、赞赏、提供帮助等方式，对加强双方的关系都极具效力。例如，"埃莉丝（Ellis）也是以提供帮助、小礼物，以及最重要的，对他们生活的浓厚兴趣和真诚的尊重等方式，来回报帮她从事研究的当地渔民"②。

　　研究者还需要学会建立关系的策略，包括如何获得接受、如何建立融洽的关系等，这些策略都在过程中得以体现和实践。例如，当一个研究者顺利进入现场之后，第一步就需要局内人不讨厌与反感自身的存在，一旦研究者获得接受，下一步就可以逐步发展与局内人的关系。"开始，你在研究现场要尽可能做到不引人注意，尽量避免一切引人注意的行为。"③研究者应该对所要进入的研究现场与情境进行充分的了解，了解学习局内人的说话方式、交往方式、行为方式等众多生活方式，并以一种顺应的方式融入他们。"获得接受等于学习一种不同的文化或亚文化。参与观察的这个阶段有时被称作'学习窍门'阶段。"④

　　相似地，如果一个研究者以公开式进入的策略进入观察现场，在与局内人交往的过程中可能需要不断向其解释自己的研究目的，并努力让其克服对自己研究的偏见。例如，一位研究者以研究小学课堂的师生互动为主题并获得校长的允准公开式地进入班级进行观察，他就不能回避

---

① ［美］丹尼·L.乔金森.参与观察法：关于人类研究的一种方法［M］.张小山，龙筱红，译.重庆：重庆大学出版社，2015：73.
② 同上书，第74页。
③ 同上书，第75页。
④ 同注③。

被观察的教师和学生的疑问，应该直接公开地对待并且向教师和学生解释这项研究并不会损害他们的利益。

　　在研究者进入研究现场并获得局内人的认可后，下一个阶段就是与局内人建立更加融洽的关系。这种关系的建立更类似于日常生活中的交友、交往，不仅需要投入大量的精力，而且需要更加自觉、主动地在交往中深入对方的兴趣爱好和生活方式。通常建立融洽关系的策略有：与人们针对共同的兴趣爱好进行交谈，或是自我暴露，或是介入人们的生活，以此来获得共同的经历，或是缩小社会距离和区隔的观念等。

五、参与观察

观察者进入观察地点并直接参与观察,是收集信息最主要的方法。"参与是一种策略,否则便无法接近人类生活和经验的某些领域,直接观察和体验是收集资料的主要方法和形式。"[①]但是研究者在进入观察地点并开始建立和维持实地关系以后,就应该提前考虑到自己将会以什么角色、形象、位置、视角进行参与观察。

一个研究者在进行参与观察时,因为所处的社会位置不同,其观察到的内容也不尽相同。"对人类研究来说,研究者的社会位置也至关重要。对人的社会定义由其与他人的关系及联系来决定。"[②]"一个参与观察者的视角是否充分和恰当,取决于所研究的问题。每一种视角都存在固定的局限性,甚至偏见。没有什么可以保证杜绝由于视野局限或经验不足而导致不准确的研究结果,但是参与观察者能够对其角色的局限性和优越性保持敏感。参与观察者应该探求不同的角度和观点,不断地获取信息和证据,批判地审视新近的发现。"

例如,针对同一个有关于"大学生毕业典礼仪式"的研究主题,在该事件中以不同的社会位置,如老师、学生、家长、学校管理者等进行探讨这个仪式时,会形成不同的看法,而这些看法的不同正是由于局内人的观察视角不同所决定的。一个研究者在进行参与观

---

① [美]丹尼·L.乔金森.参与观察法:关于人类研究的一种方法[M].张小山,龙筱红,译.重庆:重庆大学出版社,2015:15.
② 同上书,第50页。

察时,更应该努力思考自身的社会位置造成的观察视角的局限性,探求获得不同视角的可能性。

在参与观察中,还应考虑到研究者将以何种形象进入现场。"参与者的角色可以是'完全的局外人',也可以是'完全的局内人',或是成为这两个极端角色之间程度不同的局外人或局内人。"①观察与参与两者之间有一定矛盾性,如果一个研究者过于进入到某个情境中,他对周边事物的观察可能就没有那么深入而全面;如果一个研究者完全以局外人的角色进入现场,虽然会以陌生新奇感对研究群体进行更加深入的观察,但是群体内部隐秘的感受体验他就无法获得。"只有通过局内人的视角去体验事情才能让研究者察觉到那些可以解释文化或事件的重要因素。参与式观察的目的是洞察文化和事件——只有像局内人一般经历事情才能有这种洞察力。"②

"成为现象是参与观察法的一个策略,是深入人类生活,获得直接经验的一种方式。由于它能获得局内人生活经历的准确细致的描述,因此它是一种很客观的研究方法。"③但这种方法应该懂得在局内人观点和研究的客观独立性间获得平衡。

但是无论是以哪一种角色进入观察现场,研究者都应时刻提醒自己"观察者的自我"这个问题。"参与式观察的成功与否取决于研究者是否有能力既成为被研究群体的一员,同时又与他们保持一定的距离,以使自己可以进行观察研究。"④研究者应该明确自身不能完全地成为"当地人",从而失去研究的客观性。研究者一方面要把自身作为研究工具沉浸在现场情境中,另一方面在研究的记录和分析中又需把自我从其中抽

---

① [美] 丹尼·L.乔金森.参与观察法：关于人类研究的一种方法[M].张小山,龙筱红,译.重庆：重庆大学出版社,2015：52.
② [英] 马丁·登斯库姆.怎样做好一项研究——小规模社会研究指南(第3版)[M].陶保平,等,译.上海：上海教育出版社,2011：181.
③ 同注①书,第63页。
④ 同注②书,第186页。

离出来,这两个方面在参与观察的方法中需要不断平衡。例如,一位研究者以新教师职业倦怠为研究主题,以一个新入职教师的角色进入学校进行研究,一方面他要沉浸在新教师这个角色中,体会在当时情境中的切实体会;另一方面他需要在研究阶段把自我抽离出来,认识到自身还是一个研究者。

　　观察的方式一般分为无焦点式观察和焦点式观察,"无焦点式的初始观察主要是为了逐渐熟悉局内人的世界,以调整和聚焦后继的观察和资料的收集"。这种观察方式一般针对刚进入观察现场的研究者,在陌生的环境中获得最初的观察体验,特别是针对有关环境、事件、群体的描述效果较好。而焦点式观察通常是在研究者对观察地点有一定熟悉以后,"聚焦的策略是,从范围最大的现象开始,逐渐将你的注意力集中到一个特定的现象上"①。针对你的探索和提炼出来的研究主题,进行更加聚焦的观察,但"这个观察、分析、记录、再观察的过程可能多次重复"②。

---

① [美]丹尼·L.乔金森.参与观察法:关于人类研究的一种方法[M].张小山,龙筱红,译.重庆:重庆大学出版社,2015:87.
② 同上书,第88页。

六、访谈、提问与收集资料

在有了更加明确的研究问题和主题之后,研究者不应再局限于通过观察获得资料,在和局内人建立信任的良好关系之后,可以适当对其提出访谈的需求。访谈一般分为正式的结构式访谈和非正式半结构式访谈两种。

"非正式访谈类似于随意的交谈,主要的区别是非正式拥有特定的提问和回答的形式。"① "正式访谈类似于结构式问卷调查。使用一整套结构性的问题表格,对不同的局内人以具体的问题进行提问。"② 非正式的访谈能够针对当时的情境,以普通的交谈方式较为自然地进行提问,且可以针对不同的局内人进行,能够较为系统地收集资料。而正式的结构式访谈,对不同的局内人针对同一系列的问题进行访谈,能够收集到高度统一的系列资料。

两种访谈提问的方法可以针对研究主题结合使用。例如,对代课教师角色认同主题的研究,研究者可以使用正式的半结构访谈和非正式的无结构访谈两种方式。正式的半结构访谈主要针对教师、学生、家长、教育管理者四类群体准备访谈提纲。访谈的内容主要是了解代课教师的基本情况、代课经历、当前生存状况、对代课教师角色的理解、与学校各个群体的关系的理解等,在征求访谈对象的同意后可以进行录音,并将录音转录成文字稿,用质性分析软件

---

① [美] 丹尼·L.乔金森.参与观察法:关于人类研究的一种方法[M].张小山,龙筱红,译.重庆:重庆大学出版社,2015:92.

② 同上书,第 93 页。

NVIVO 进行编码分析。非正式的无结构访谈主要结合参与观察法使用,研究者根据具体情境中的有涉及角色认同方面的问题进行发问,以便更深入了解各个群体对代课教师角色认同的理解、解释和归因。

"通常与参与观察法有关的一个非常特殊的访谈形式是深度访谈或深度调查。深度访谈与其他策略的区别在于,它力图探究一个特定事情的复杂而全面的细节。整个研究可能会持续相当长一段时间。换言之,对同一个人,可能会在长达几天、几周或几个月的时期内,在不同场合对其进行多次为时几个钟头的访谈。"①深度访谈通常会以生活史的形式来呈现。

除了对访谈、提问与观察的资料收集,参与观察者还可以获得广泛的人类沟通交流的产物及人工制品作为研究资料。"人类沟通交流的产物尤其是文献形式的资料,包括书信、日记、备忘录、各种文字记录、宣传资料、书籍、杂志文章和学术期刊等。"②这些资料的收集都对研究后期的研究内容的详实有巨大的贡献。

---

① [美]丹尼·L.乔金森.参与观察法:关于人类研究的一种方法[M].张小山,龙筱红,译.重庆:重庆大学出版社,2015:95.
② 同上书,第 99 页。

七、撰写笔记、保存记录和制作档案

"撰写笔记(notes)、保存记录(records)和制作档案(files)是参与观察法的一个重要组成部分。"①观察者进入观察地点进行集中的参与观察后,需要及时有效地撰写笔记、记录和制作档案。

观察者应该把做观察笔记作为观察与记录的一个持续不断的习惯。研究者需要考虑人记忆的遗忘规律及时且尽早地记录,并且笔记的撰写和记录有很明显的主体化。"笔记的类型、形式和内容取决你个人的喜好和风格、研究的主题、观察现场与环境,以及所运用的技术。你应该记下日期、时间、地点;关键人物的身份、角色及行动;主要活动和事件。"②

对于刚开始进入田野地点参与观察的研究者,可从日常事实入手进行笔记撰写。"例如,通过描述物理环境、人们的特征及其活动,你能够认识所研究环境最明显的特征。"在田野地点进行观察时,最开始的记录可以从时间顺序入手,按照一种记录流水账的方式,简明扼要地记录这个现场所发生的重要事情。例如,谁,在哪儿,发生了什么,为什么会发生这件事。在记录这件事以后可以对其进行简要的分析评价。虽然最初这种流水账式的记录方式没有凝聚到核心问题进行记录,但是这是一种重要的资料积累,能够帮助研究者在后续通过这些笔记回想起一些值得继续研究的问题。

---

① [美]丹尼·L.乔金森.参与观察法:关于人类研究的一种方法[M].张小山,龙筱红,译.重庆:重庆大学出版社,2015:102.
② 同上注。

例如，当研究者进入一所小学语文办公室对教师这个群体进行观察时，就可以先对这个办公室环境的明显特征进行记录。这个办公室位于学校的哪个位置？靠近哪里？这个办公室的空间有多大？办公室里面是怎样布局的？这个办公室的老师是怎样使用空间安置自己的？除此之外，还可以记录更多的问题，比如这个办公室里的社会环境。这个办公室里的教师有多少人？这些老师的年龄、性别、族群、社会经济地位、教育、职业等方面的信息是怎样的？这些老师之间的关系是怎样的？他们之间有没有组织过活动？他们是怎样进行活动的？有没有固定的模式？为什么会按这种模式进行活动？研究者刚开始进入田野地点后记录物理环境、社会环境、人们的特征及活动作为练习和体验笔记，并且对这些基础信息的掌握可以为后续的引出研究主题做好铺垫。

在研究者进入田野进行观察研究一段时间后，便可反思自己有关日常事实的笔记，开始提炼研究问题，聚焦主要的研究主题，将笔记记录详尽集中于研究问题的明确重点。尽管研究者已经初步确定了研究的主题，但是仍旧需要通过在研究中收集的初步资料决定重点研究问题，在大量基础工作后寻找一个值得研究的焦点。"你的笔记应该集中于更有条理地详述所要研究的问题，每天的观察、随意的交谈、非正式的访谈，尤其是较为正式的访谈。和所有的现场笔记一样，这些观察应该与现实的状况，特别是与你所接触的人们的语言密切相关。"[①]例如，"海雅诺（Hayano）对职业扑克牌玩家进行广泛的参与观察之后，开始集中观察并记录现场的环境特征"。

同时，关于观察笔记的记录方式和技术也是需要不断强调的。首先，记录笔记的时间需要格外注意，因为大多数的笔记是依靠观察者的记忆来记录的，所以回忆工作最好在研究者从现场情境中抽离出来的几

① ［美］丹尼·L.乔金森.参与观察法：关于人类研究的一种方法[M].张小山，龙筱红，译.重庆：重庆大学出版社，2015：104.

小时之内进行,这样有利于研究者尽可能回忆起观察的细节。如果观察者受各种因素限制不能及时记录,也需要先做少量记录,以便日后能够通过这些记录重温起当时的情境,更好地回想起细节。其次,记录者也需要把自身在情境中的即时感受或印象记录下来。"关于这些内容的笔记对判断你的研究过程、开展以后的现场工作、初步评估所收集到的资料,具有极其重要的价值。"①并且,参与记录有许多不同的技术,如文字记录、录音、录像、摄影、电脑录入等。"适用于参与观察法有许多不同的形式。现场的笔记和记录的形式就包括进程表、事件日志、个人日记、现场工作志,以及研究成果草稿。"②研究者需要根据研究问题和观察现场情境更多地尝试不同的方式和技术,探求最合适的观察方式和途径。

在积累了大量的观察笔记和记录之后,研究者还需要把这些资料建立档案。"随着现场笔记的积累,应该对它们进行分类、转换和整理,以便聚焦和提炼所研究的议题和问题。"③

---

① ［美］丹尼·L.乔金森.参与观察法：关于人类研究的一种方法［M］.张小山,龙筱红,译.
　　重庆：重庆大学出版社,2015：106.
② 同上书,第 110 页。
③ 同上书,第 111 页。

八、撤离现场、交流成果

"从参与观察的日常生活现场中撤离通常是一个程式化的过程。由于你的工作重心从搜集资料和如实记录,转移到建立档案、分析研究发现和进行理论化,你在现场的工作时间极大地缩减。撤离研究现场有多种不同的原因(Maines et al,1980),例如研究目的已经达到便是其中之一。"①

撤离现场往往可能受到多种因素的影响,如研究项目接近尾声,或是受到一定干扰因素而不得不中断项目。在这个过程中,研究者因为在现场与局内人建立了深厚的情谊关系而难以突然撤离现场,撤离现场是一种逐渐把研究者从现场的情境中抽离出来的过程,但是这并不意味着研究者和局内人建立的亲密关系就此中断。许多研究者在撤离现场之后仍会与局内人维持良好的联系。

另一方面,随着研究的不断深入进行,研究者一旦把大部分时间分配给分析资料和撰写报告等过程,这就意味着研究者已经开始把大部分时间和精力放在研究的"后台",研究者自身就应该着手准备一个集中的时间段去进行现场撤离,但遗憾的是"几乎没有什么理想的撤离现场的时间或方式。"撤离现场的过程中仍存有遗留的问题和尚需要解决的事情。

在研究阶段的后期,通常是以撰写并报告参与观察中的研究成

---

① [美]丹尼·L.乔金森.参与观察法:关于人类研究的一种方法[M].张小山,龙筱红,译.重庆:重庆大学出版社,2015:126.

果作为尾声的。换言之,研究结果的撰写和报告是交流成果最重要的一部分。"写作是制作笔记、分析资料、概括发现这个过程的延续。"①研究者应夯实参与观察的每一个步骤,才能得到一份高质量的笔记和档案,并在此基础上针对研究主题和研究问题撰写研究报告。通常参与观察的研究者根据自己的观点拟定提纲、撰写报告草稿,并在草稿的基础上寻找合适的理论视角、框架、逻辑进行观点的总结,寻找各个概念之间的关联,最后围绕主题中心以合适的顺序贯穿并修改草稿。同时,研究者也应该认识到,撰写研究报告并不是一蹴而就的,利用草稿进行不断反复的修改是能使报告趋于完善的主要方法。

参与观察的研究报告往往没有具体或固定的提纲,但是对于初学者可以借鉴一般的主题提纲②:

● 尽可能简明地陈述你在报告中将要说明的基本问题。讨论与主题或问题相关的视角、模型、理论和文献。确定和讨论由核心观点和概念所界定的研究重点。

● 讨论研究方法和策略。交代研究现场的特性,以及进入现场、建立和维持融洽关系的过程。描述与参与角色、资料收集、资料分析、理论相关的策略和过程。

● 讨论主要的研究发现。该部分所涉及的内容根据将要说明的研究问题和主题,以及你所收集到的资料而定。

● 讨论研究发现的意义或代表性。从你参与观察研究中能得出什么结论?

---

① [美]丹尼·L.乔金森.参与观察法:关于人类研究的一种方法[M].张小山,龙筱红,译. 重庆:重庆大学出版社,2015:129.
② 同上书,第 131 页。

　　研究者有时候会发现，观察后所记录和整合的资料并不会全部整合到报告中。在参与观察的报告撰写中还需进行编辑工作，在不改变报告的基本内容的基础上尽可能删除掉一些已经写下且不是较为必要的文字，尽可能使得报告较为简明扼要。

第 3 章
案例分析：从"看什么"到"怎么看"

一、案例一:《特权:圣保罗中学精英教育的幕后》

(一)案例简介

《特权:圣保罗中学精英教育的幕后》(以下正文中简称《特权》)曾获 2011 年赖特·米尔斯年度图书——美国社会学界最重要的奖项之一。该书作者西莫斯·可汗(Shamus Rahman Khan)是哥伦比亚大学的社会学系教授,是圣保罗中学的毕业生,也曾在该中学任教,著有《特权》和《研究的实践:社会学学者如何答疑》等。

圣保罗中学位于新罕布什尔州的康科德小镇,是一所具有圣公会背景、男女同校的寄宿学校,该校同属于美国东北部著名的十校联盟与独立学校联盟,在《美国寄宿学校评论》发布的排名中高居全美第三。

作者西莫斯以参与观察的方式,深入考察了美国精英高中圣保罗中学的日常生活,著成该书。该书从多个角度揭示了美国圣保罗中学是如何培养精英以及如何教会学生在享受特权的同时能够利用特权掩盖社会不平等的事实。

《特权》一书共有五章,西莫斯在这五章中记录了圣保罗中学中发生的不同场景,在多种类似的场景之中,他逐渐发掘出了一些掩藏在日常生活中的不平等,包括学校如何通过一些正式或者非正式的活动教育学生等。在第一章,西莫斯对比了新精英与旧精英行为表现和培养方式的异同,在此基础上逐渐为读者勾勒出了圣保罗中学中所培养的新精英的形象,并且指出成为精英的核心是精英教育。西莫斯将第二章命名为"寻一席之地"，"一席之地"含有多种意义，从学生参加各种仪式的位置的不断变化到参加正式聚餐时的座位以及着装的选择，都属于他们寻求一席之地的表现。从表面上看，学生们在各种各样的活动中寻求到属于自己的位置，实际上，圣保罗中学正是通过这样的方式，教会学生明白等级秩序，懂得如何在正式场合交谈和着装，从而赋予学生特权。第三章"淡定面对特权"，西莫斯延续了第二章的讨论，进一步指出圣保罗中学赋予学生特权的重要方式就是教会学生能够淡定面对特权。第四章"性别与特权表演"，西莫斯例举了在学校中，当面对同样的境况时，男生与女生所受到的差别待遇——女生由于"性存在"占主导，如若未体现其女性的特性，那么将会受到歧视与排挤。第五章名为"学习《贝奥武夫》和《大白鲨》"，《贝奥武夫》是欧洲文学的三大英雄史诗之一，完成于公元 8 世纪，而《大白鲨》是一部著名的惊悚电影，由美国导演斯皮尔伯格（Steven Allan Spielberg）于 1975 年执导。第五章意在介绍圣保罗的学生对待学业所呈现的"杂食性"状态——无论是阳春白雪，还是下里巴人，他们都能够掌握。

《特权》一书所展现的是圣保罗中学的精英教育，然而其所反映出的社会不平等以及精英教育如何制造和掩盖不平等的内幕都具有更加深刻的意义。我们可以通过圣保罗中学的精英教育，转而发现更多普遍存在的社会现象。一部具有价值的作品，往往在陈述事实的同时，能够引发读者的共鸣和思考。一部基于事实的民族志更是如此，它能够带给社会更多的研究价值。

（二）研究问题与内容

西莫斯在引言部分就介绍了自己曾经在圣保罗中学的求学经历，这样的经历使他产生了对圣保罗中学的些许思考，尤其是在其开放与平等方面。西莫斯所关注的问题不是不平等是否存在，而是有多少不平等存在。"为什么一边是不同的社会机构对他们过去排挤在外的人群开放起来，一边是不平等的问题仍在加剧。"①这样的问题，不仅是公众的疑虑之处，同时也是西莫斯所想要探究的方向。通过对圣保罗中学的观察与研究，西莫斯指出："我们生活在一个民主化不平等的世界里，就是说我们的国家一方面奉行开放的民主原则，但另一方面不平等程度也与日俱增。我们倾向于把开放和平等理解成齐头并进，但如果回顾过去五十年的经验，就发现事与愿违。这点在精英大学里最显著，学生群体在种族多样性方面愈加进步，同样也变得更富有。"②

"富有"一词非常形象地体现了社会不平等的根源所在。精英学校之所以看上去更加平等了，其原因是学校里的学生种族较之以前更加具有多样性，然而这不代表阶级不再影响学校招生，相反，阶级所扮演的角色不容小觑。在掺入阶级因素之后，西莫斯指出："我们的私立精英学校在接二连三发布新闻稿昭告天下，如何努力让大学成为普通美国人负担得起的项目，而学校的现实是，这是一个被富人统治的地方。"③

当这种社会上不平等的现象再次回到圣保罗中学中的时候，西莫斯指出学生们在圣保罗的第一个仪式(占有一席之地)便是在学会如何拥有特权。圣保罗是一所老牌的精英学校，自 1855 年起，一直是青少年精英教育的主要家园之一。当西莫斯再次回到这所名校，其动机和目的更加复杂——他是来研究这所学校的年轻学生们的。西莫斯发问："一所寄宿学校是如何保证它的门生都走上康庄大道的呢？ 学生们是不是拥有、培养或者学会了什么，使得他们在今后的日子里占优势？"④这样的问题，曾经的答案就是贵族阶级通过家族血脉来获得特权。然而今时今

---

① [美]西莫斯·可汗.特权：圣保罗中学精英教育的幕后[M].蔡寒韫，译.上海：华东师范大学出版社，2016：7.
② 同注①。
③ 同上书，第 9 页。
④ 同上书，第 19 页。

日,面对多元的 21 世纪,圣保罗已经开始利用新的手段和方式为其学生提供优势。

因此,通过这本书,西莫斯引出了学生在圣保罗中学学习的关于特权的三堂课。"第一堂课是教会学生阶级是非自然的,它们像梯子,而不是天花板。第二堂课是教会学生经历很重要:旧精英的——你是谁的那套逻辑变成了新精英的——你做过什么。特权不是什么你与生俱来的东西,特权是需要你学会去发展和培养的。第三堂课是特权意味着淡定:学生们培养的是对自己行为举止的一种意识,这种意识的核心是将特权视若平常的锻炼,即对任何社交场合都能游刃有余。"①

（三）研究方法与过程

西莫斯使用参与观察的方法,深入其研究对象之中,将自身置于研究对象所身处的环境之中,经过长达一年的生活,得出了其研究结果。他在圣保罗中学担任学校网球队和壁球队的教练,任课并辅导寝室楼里的学生。在这样长期的接触和了解之中,西莫斯得到了他所需要的田野资料。

1. 观察准备

在进入实地的观察之前,要进行一系列的观察准备。在西莫斯之前,有许多关于社会不平等的研究都将重心放在研究贫困群体之上,而西莫斯却研究了一个精英群体。他由此将自己的观察对象更加具体化,致力于观察美国圣保罗中学的精英群体。之所以选择圣保罗中学,对于西莫斯而言,存在两方面的便利:一是他曾经就读且得益于圣保罗中学,对圣保罗中学的运作方式和体系非常熟悉,并且也是因为曾经在这所学校生活过,所以在进入研究之前,西莫斯早已有了一些切身的体会和发现,这些曾经在他脑海中闪过的观点进一步引导他产生了对精英学校更

---

① ［美］西莫斯·可汗.特权:圣保罗中学精英教育的幕后[M].蔡寒韫,译.上海:华东师范大学出版社,2016:21—22.

多的想法，为其研究的课题和方向提供了一定的问题基础。二是西莫斯的研究身份，他采用的参与式观察的研究方式要求其本人置身于观察对象所生活的场景之中。作为哥伦比亚的社会学教授，西莫斯在圣保罗中学里谋得了一份教书的职位。除此之外，他还兼任学校网球队和壁球队的教练，并且在寝室楼里辅导学生，如此种种的做法使得西莫斯能够从更加深入调查对象之中，得到一手的调查资料和感悟。为了能够保证更长时间和学生的接触，西莫斯还搬到学校的公寓楼里。他这样的举动和改变为其研究提供了极大的便利和可靠的信息来源。

在进行研究之前，西莫斯研读了许多关于社会不平等的理论，尤其是对于法国社会学家皮埃尔·布迪厄(Prerre Bourdieu)思想的解读，引导他从一个有关联的角度来思考文化。在这样的思想基础上，西莫斯的观察"引导他以一种行为实践的角度去思考文化"①。

2. 观察执行

西莫斯顺利地进入圣保罗中学，对其内部的运作方式和体系进行研究。在其研究的过程之中，他描述了圣保罗中学里关于教员、学生以及工作人员的故事，不断地产生新的发现和新的思考，推进着研究的进程。同时，在研究过程之中，西莫斯也遇到了一些困难，因为从研究对象的角度来看，有些事件涉及其隐私以及不良影响，有时他无法将所有的观察陈述在书中。在观察研究中，研究者有时在保持与被研究者关系的同时也要确保被研究者的知情权。尽管西莫斯曾尝试不说明研究的地点，但是鉴于此研究的特殊性，他还是对此进行了说明。不过在研究之中，西莫斯也出于保护某些学生的考虑，使用了一些化名或者是虚构了学生所在的年级。

在观察研究的进程之中，西莫斯采用最多的方式是和学生进行交

---

① ［美］西莫斯·可汗.特权：圣保罗中学精英教育的幕后[M].蔡寒韫，译.上海：华东师范大学出版社，2016：248.

谈,在访谈之中得到自己的研究结论。在一些情况中,西莫斯往往会在访谈中得到惊人的结论。除了与学生建立友谊、信任,他还通过日常对于圣保罗的观察进行研究。纵向上,西莫斯会记录学生从高一到高三的经历与变化;横向上,他会对比男性和女性之间在同样场景下受到的不同待遇,以及不同种族在融入圣保罗体系上的差距。

西莫斯在深入圣保罗中学一年的时间中进行采访以外,还多次重返并且找回一些校友进行采访。同时,西莫斯也将自己的发现与校友们进行讨论,将以上的这些数据放在一起,形成了他的观察结果。

(四) 研究发现

通过访谈和观察,西莫斯的主要研究发现包括:

第一,新精英与旧精英存在着区别。西莫斯首先明确了书中新精英的概念,与人们心中的旧精英做了对比。旧精英们更依赖于自己拥有的财富以及地位的继承,在他们的世界里,家庭背景就是一个人阶级的象征。旧精英表现出一定的封闭与排外性,他们垄断文化,建立象征性的界限,尤其在文化方面,比如高雅艺术、芭蕾舞、交响乐、钢琴会等,他们甚至会雇佣军队和建筑防御工事来保护自己。新精英认为成功的特质应该是依靠自己的努力,所以他们强调艰苦奋斗和天生我才,对于阶级差异视而不见。新精英不再以你是谁作为阶级的评判标准,而是以你做过什么、你经历过什么为依据,这样的改变在圣保罗中学之中就得到了发展。新的精英将特权视作平常之事,只有这样,他们在各种场合之中才会都表现得游刃有余。他们既能够欣赏诸如音乐会一类的高雅艺术,又能接受嘻哈音乐和重金属音乐。

第二,阶级是一把梯子,圣保罗教会学生如何利用特权向上爬。作者将第二章命名为"寻一席之地",展现了圣保罗中学的学生刚入校就进行的"占座"仪式。西莫斯认为座位本身就是一个重要的象征性标记,基于这样一个有着特殊含义的标记,他也在后文之中告诉我们什么样的人没有这样的权利。所有的老师和学生在礼拜堂里都有指定的座位:

> 一旦入座,学生和老师整个学年都占据着他们的位置。占座的仪式以及整年占据它的两件事都强调了建立、尊重、维持着一套特定社会关系的重要性——确切地说,这为圣保罗学生提供了非常有利的关系。圣保罗通过每天在礼拜堂的入座和无数次其他正式或非正式的活动来教导学生,这个世界是一个等级森严的地方,而且不同的人在这个制度里被排放在不同的位置。学生们往上升,制度本身不会改变;礼拜堂里的座位是死的。①

占座这样的仪式可以被看作是一种贵族的授权仪式,"当他们坐在礼拜堂里的时候,学生和老师面对面。当学生从低年级升到高年级,他们发现自己的座位也'升'到离老师们更近的位置。他们越来越往前坐,于是也离成年越来越近"②。西莫斯最后总结出:"学生们不把世界当作是一个平等的空间,而是学会把它当作一种可能性;在自由主义框架下,备受期待的是'机会均等'而不是平等。你最终的位置通常是你所作所为的产物——学生们觉得他们是'通过自己的能力往上爬'。"③

圣保罗中没有作为的人被西莫斯称之为"隐形人",即学校里的服务人员,他们可能是食堂的牛奶工或打饭大叔,也可能是保洁阿姨和宿管大叔。在圣保罗这样的学校中,他们多数时候并不是圣保罗运作体系的

---

① [美]西莫斯·可汗.特权:圣保罗中学精英教育的幕后[M].蔡寒韫,译.上海:华东师范大学出版社,2016:40.
② 同上书,第39页。
③ 同上书,第78页。

一部分，但是作者同时也发现，越是家境富裕的孩子越会主动向这些"隐形人"示好并交流他们的生活。这样的举止也是新精英的一种表现，因为无视下层人是"不平等"的一种表现，新精英们必须展示出来阶级是不存在的。西莫斯通过观察得出，新精英们懂得如何尊敬又自如地应对地位高于他们的人，这是精英交际中的关键部分；通过学习这些交际技能，精英们在为一个必须超越社会界限与下层人打交道的未来做准备，同时他们使不平等的界限显得形同虚设、无关紧要。

第三，圣保罗的许多课，教的不是知识而是淡定，淡定是一个精英应该有的品质。西莫斯发现在圣保罗中学里，学校甚至会从学生最基本的日常行为入手，对学生的日常行为进行改造。聚餐是最典型的例子，多数学生在来到圣保罗中学时已经知道餐桌礼仪，但是在圣保罗中学里，他们通过聚餐，不断地修正着自己作为一个精英应有的行为。西莫斯清晰地为我们描绘了聚餐场景："每周两次，坐在一个美得让人目瞪口呆的食堂里，穿着正装与其他学生和老师们一起。这些饭局很明显是一场训练：教学生如何吃得'礼貌'，如何与相对陌生的人进行餐桌谈话，如何区分什么行为在正式场合是合适的、什么是不合适的。"①

圣保罗学生在频繁的聚餐中学会了一种精英特质，那就是淡定。他们根本不会把如此特别的聚餐放在心上，从正式聚餐的穿着和礼仪，再到在餐桌上和老师之间的交流，他们早已习以为常。因为，这样多次经历之后所带给他们的淡定，正是他们作为精英的体现。精英制造的文化不平等也正是社会不平等的来源之一。

如果学生中间有人表现得不淡定，那么他将成为圣保罗中学的众矢之的。精英教育就是要赋予学生淡定的特权，一旦有人弃权，那么他将会是这个体系内的异类，受到大家的不认可或者是排斥。相较于阶级上

---

① ［美］西莫斯·可汗.特权：圣保罗中学精英教育的幕后［M］.蔡寒韫，译.上海：华东师范大学出版社，2016：3.

的差异,这种现象在种族差异之中表现得更加淋漓尽致。"无论是出身寒门的学生还是非白人学生,他们都承认,世界如何运作这件事有许多版本;区别在于出身寒门的学生更愿意认同他们自己的看法,而非白人学生不愿意放弃自己的世界来接受圣保罗人的角度。"①西莫斯认为正是由于民权运动和女权运动的兴起,使得越来越多的黑人和女性开始发现自己的内在优势,因此他们开始学着拒绝接受圣保罗所教会他们的运作体系,这样的自我意识和自尊的崛起,同样使得西莫斯得出了在性别差异上,不平等是如何产生的结论。

　　第四,性别差异所带来的不平等,女性由于存在"性主导"而受到选择上的限制。西莫斯在第四章"性别与特权表演"之中向读者展示了两个例子,圣保罗中学中的两名学生都表现得勤奋努力,在学业上显得非常用功,然而两人却受到了不同的待遇,究其原因,竟是性别造成了这样的不平等对待。玛丽(Mary)是事件之中的女主角,她在无休止的努力之中展现的是她对于学业的不淡定,玛丽奉行的原则是"想要出人头地,就得努力工作"。而同样在学业上表现得异常努力的人是男生埃克里(Akeley),他奉行的原则是"我最好勤奋一点"。同样努力的人,女生玛丽却显得更像是圣保罗的异类,受到同伴的排挤。西莫斯指出这是由于玛丽没有展现出她作为女性的特权,"玛丽不仅没有表现出淡定,跟学校里其他女生不同的是,她看上去太实在了。穿着舒适的抓绒外套和裤子,衣服很大程度上都是经济适用品。她在书包的重压下穿越校园的笨重步伐,使她展露不出任何性别特征。鉴于其他女生在学校里的样子,这点尤其突出;跟玛丽不同,大多数女生都积极利用她们的性存在"②。

　　由于女性存在着"性存在"占据主导地位的选择,一旦女生放弃这一

---

① [美]西莫斯·可汗.特权：圣保罗中学精英教育的幕后[M].蔡寒韫,译.上海：华东师范大学出版社,2016：124.

② 同上书,第 139—140 页。

选择,放弃如何去表现出一个女孩子该有的精致以及优雅时,她就会处于遭受嫌弃的局面。然而男性却不存在这方面的烦恼,这是因为在男性做出选择时,并没有占据主导地位的选择存在,因此他们拥有更多的选择。西莫斯通过观察学生们对待自己同伴的态度以及在游戏事件之中的种种表现,总结出了男生与女生之间性别上的差异所带来的不公。

在玛丽和埃克里的例子之中,除了因为两人性别上差异所带来的不公,作者依旧延续了第三章之中的思考,他认为玛丽和埃克里所受到的差别对待也同样来自两人对待特权的淡定程度。"虽然玛丽在校园里穿梭,承受着书包的重压,但埃克里让一切看上去好像勤奋是他与生俱来的任务——对他来说轻而易举,或者说与生俱来。所以,他的表演行为跟圣保罗人的理想状态相符合。对玛丽来说,表现自己的努力是个挑战,部分是因为这样做以另一种方式表示她没有融入学校。"①

第五,作者在第五章中讲述了圣保罗学生的课程安排,从他们的课程之中,我们会发现他们所学习的知识非常广博。但是,圣保罗中学的学生依旧能够很好地完成各科的作业,能够在题目范围博大精深的作业之中表现得游刃有余——他们逐渐学会了一些走捷径的方式:他们可能并没有真真切切地读完一本书,但是他们可以通过查阅大量的资料,快速了解书籍内容,在短期内掌握该阶段所要求的内容。尽管这种不深入的学习是有欠缺的,但是圣保罗却默认了这种学习方式,可以说圣保罗所安排的繁重的课业,在一定程度上逼迫学生不得不这样应付。广博课程的安排也是出于学校对于新精英的期待,精英学校想要培养的是能够海纳百川的杂食性动物,他们古典和饶舌都喜爱,享受高档餐厅也会在街角小巷里用餐。

----

① [美]西莫斯·可汗.特权:圣保罗中学精英教育的幕后[M].蔡寒韫,译.上海:华东师范大学出版社,2016:171.

一门人文学科的规模可以庞大到令人害怕,西莫斯由此指出:"圣保罗中学给予学生的优势不是知识造成的等级。我们知道,知识不再是精英们得以独霸的领域。而这些年来,信息的流动是如此自由,以至于越来越不可能利用信息来排斥他人。与之形成对比的是,那些做出重要决策的领导者不是要懂得多,而是要有一种思维习惯。圣保罗教的是,即使还在高中,所有事情都可以通过这些习惯来达成。"①圣保罗教会学生这样的世界观在西莫斯眼里是有些专横的,但是在圣保罗青少年的心中,几乎每个人都已经认为这样的思维方式是理所当然的。"圣保罗的课程设置着重的不是'你知道什么'而是'你知道如何'。圣保罗赋予它的学生精英的标志——思考或与世界相关联的方法——而这最终帮助学生们形成特权。"②

(五) 主要理论视角与论点

西莫斯在引言之中就介绍了关于不平等的问题是不平等存在多少,并且借用了用查尔斯·提利(Charles Tilly)所认为的系统化、持久的不平等,指出优势和弱势是代代相传下去的,奠定了全书的基础。接着,西莫斯指出这触犯着当代人敏感神经的社会不平等着实令人反感。

西莫斯在书中指出圣保罗教会学生如何利用特权的梯子爬向更高的社会阶级,在这一部分,作者借鉴了皮埃尔·布迪厄的理论观点。"布迪厄在他描写旧精英'区隔'的著作中,以资本作了类比,认为文化和社交就像口袋里的钱,促进或限制了一个人的社会进步。他认为独特的精英文化和社会网络创造了精英的优势,精英们通过对文化符号的象征操控,使得经济活动中积蓄的财富得到补充和保

---

① [美]西莫斯·可汗.特权:圣保罗中学精英教育的幕后[M].蔡寒韫,译.上海:华东师范大学出版社,2016:188.
② 同上书,第190页。

护。尽管精英的世界已经改变，但是作者坦诚地接受了布迪厄的思想给予他的启示：文化继续成为精英们制造差异的工具。圣保罗的生活对于学生们而言，不仅仅是习得，而且还有表演。在学生们攀爬的过程中，最为重要的工作是如何练习以及展现一套文化符码操作的规范。"①

西莫斯基于身体与性别的表演的事例，指出："如果我们把文化看作是资源，我们应该不仅将它视作是一种认知资源而且也是一种互动资源。视文化为互动的暗示着文化所包含的自然的身体的标记。这些标记不属于个体、被行动者所'拥有'也被关系网中的其他人承认是有价值的。就是说，只有其他人在你身上发现了它的价值，资本才是存在的。"②此外，如何展现淡定以掩盖特权也具有重要的意义。

西莫斯认为圣保罗学生再生产不平等的方式就是将特权具身化，他们的身体表达越淡定，越能够体现他们的精英特质。这种使得淡定"自然化"的行为是一种表演。

（六）研究者的反思

《特权》采用的是经典民族志的研究方法，民族志方法的目的是呈现特定地点人与人之间彼此共同生活的方式。在研究之中，西莫斯对自己的研究也进行了一定程度的反思。

首先，西莫斯对自身研究的客观性方面进行了反思。他反问自己是否能做一个合格的观察者，并且表明自己在刚到圣保罗的几周里，由于存在陌生感和人际交往上的别扭，很难获得一些实质性的观察发现。同时，西莫斯也认为"客观性往往是研究者藏匿其后、借以断言他们科学权

---

① 向伟.教育的"特权"与制造不平等——评西莫斯·可汗《特权：圣保罗中学精英教育的幕后》[J].清华社会学评论，2017(02)：192.
② [美]西莫斯·可汗.特权：圣保罗中学精英教育的幕后[M].蔡寒韫，译.上海：华东师范大学出版社，2016：177.

威的虚假面具。脱离人群，用一种好像他们在实验室或水晶球里的方式打量他们的生活"①。因此，西莫斯也认为，如果抱有唯目的论的姿态，是很难看到些什么的。他最终得出结论，研究者应该深入其中，亲身体验和观察，而不是成为一个"客观的人"。在圣保罗中学中，西莫斯也融入了圣保罗的人际关系网络中，从而不像一个"外人"一样，以确保他能够更加深入地进行观察和研究。

其次，西莫斯反思了自己在使用深度参与的方式之中存在的理解性问题。因为一个有责任心的民族志学者是会理解自己的研究对象的，譬如他指出："研究对象的知情同意权是一个过程，而不是一次性事件。而且在此过程中可能发生摩擦，感情可能受到伤害。你提醒你的朋友，你是他们生活的一部分，是因为要研究他们，而不仅仅单纯是朋友。学生这才想起来，他们的私密时刻可能曝光于众。"②也正是因为这样的原因，西莫斯删选了他的材料，许多涉及私密的细节可能没有写进书中。西莫斯会利用这些细节去建立论点，但是出于道德和朋友关系的考虑，他还是尊重研究对象的要求。同时，西莫斯在认为无关紧要之处，修改了学生的姓名和一些生活细节。

再次，西莫斯的观察有时是不存在特别目的的，他的有些想法在无目的的观察之中得到了"验证"，因此，他使用真实的记录方式来推动自己的研究进程。当然，西莫斯也指出他对一些问题的研究可能是源自对于某些问题本身就存在感知，比如"对具身化的侧重，对一个地方的感知是关键，你可以说这是'身体社会学'，或说是借鉴了女权主义认识论中传统、类似的观点，即场景经历和立场很重要"③。

最后，西莫斯反思了自己的研究理论和思考角度，他认为自己的"写

① ［美］西莫斯·可汗.特权：圣保罗中学精英教育的幕后［M］.蔡寒韫，译.上海：华东师范大学出版社，2016：245.
② 同上书，第 246 页。
③ 同上书，第 247 页。

书过程依赖了文化社会学的悠久传统，以及精英社会学这个新兴领域"。① 西莫斯表达了对布迪厄的敬意和感谢的同时，也指出尽管自己受到布迪厄的启发和引导，但是却能从一个关联的角度思考文化。西莫斯认为他的"观察法引导他以一种行为实践的角度思考文化，而不是一种所有物。特权在互动上的淡定是这种思考角度的一个范例。另一个角度是，只有别人从你这里接受资本的时候，这个资本才算是花了出去。"

通过民族志的方式进行研究，西莫斯很好地展现了整个研究过程和前因后果，这样就弥补了一些访谈和调查问卷不能详尽和深入研究的缺陷。西莫斯通过这样的方式，揭示了精英教育下的不平等是如何被制造又是如何被掩盖的，通过不同的事例，使得结论有了充足的支撑点。这是民族志的一大优势。

---

① ［美］西莫斯·可汗.特权：圣保罗中学精英教育的幕后[M].蔡寒韫,译.上海：华东师范大学出版社,2016：247.

二、案例二：《学做工：工人阶级子弟为何继承父业》

（一）案例简介

《学做工：工人阶级子弟为何继承父业》(以下正文中简称《学做工》)是英国著名社会学家保罗·威利斯(Paul Willis)于1972—1975年间,在位于英格兰中心区一个工业重镇——汉默镇的一所男子中学对一帮"家伙们"(那些不愿学习、聚众玩耍、反抗权威的学生的自称)开展的为期三年的民族志研究。研究通过个案研究、访谈、小组讨论以及参与观察的方法,描绘了工人阶级子弟从技术学校到上岗工作的转变历程,这一研究的时间跨度涵盖了这些"家伙们"在学校以及到工作岗位上的前几个月。书中第一部分是描述校园内对立性工人阶级文化形式的民族志;第二部分系统地分析了校园民族志的内在含义、缘由以及变化,同时也阐释了这些文化过程是如何在推动工人阶级文化的同时维持并再生产了社会秩序。①工人阶级体力劳动报酬低下,社会地位不高,作为一种体力劳动者处于阶级社会的底层,本书解释了工人阶级为何从事工人阶级工作且自甘如此这一过程。②在近三年的时间里,威利斯通过密集的参与式观察和访谈,呈现出他们的行为逻辑和内心世界。基于扎实的个案观察和理论剖析,威利斯从工人阶级子弟的个体命运切入工人阶

---

① [英]保罗·威利斯.学做工:工人阶级子弟为何继承父业[M].秘舒,凌旻华,译.南京:译林出版社,2013:18.
② 同上书,第1页。

级文化再生产、教育模式、文化与制度关系等问题。①

（二）研究问题与内容

20 世纪六七十年代是一个西方叛逆青年制造的各种亚文化流行的时期，朋克、摇滚、嬉皮士无一不是年轻人对传统教育和主流文化的反叛，学界对制造麻烦的叛逆青年不再是一味指责和矫正的声音，大家开始关注其文化形态和背后的心理动因。威利斯对于这群在学校里捣乱、逃课、令人头疼的违规学生进行了民族志考察。② 他探索了一个核心问题：为什么工人阶级子弟会继承父业？威利斯认为，工人阶级子弟形成的"反学校文化"导致其学业失败，继而失去了进入中产阶级、实现阶级流动的机会。正是这种文化，让他们主动放弃了成为白领并迈入中产阶层的机会，从而选择了子承父业，从学校一步跨入了车间。换言之，他们的机会并非被外力剥夺，而是主动放弃。

"家伙们"是书中拥有"反学校文化"的工人阶级子女的称谓，他们对文凭缺乏兴趣，他们拒绝完成功课，并嘲笑爱学习的循规生（书呆子）。他们以一种仪式化的风格和热情"找乐子"，处处与制度作对。他们上课睡觉，穿奇装异服，脏话连篇，抽烟喝酒，打架斗殴，欺凌弱小（尤其对少数族裔和女生严加排斥），在性方面亦屡屡犯禁。问题在于，这不是一两个人由于青春期的躁动或某一天心情不好而产生的偶然行为，而是一个群体的生存常态，一种反学校文化。自由主义的教育理论家认为，如果公共教育的目标在某个人或某一群体的大多数成员身上落空，首先应该从社会，甚至从教育制度自身上寻找原因，而不该拿学生是问。威利斯的观察提供了一个相反的结论。他认为，校园里的对

---

① 孙行之，王思齐."家伙们"的命运悖论_滚动新闻_新浪财经_新浪网[EB/OL].(2013 - 3 - 21)[2018 - 11 - 25].http://finance.sina.com.cn/roll/20130321/013414899926.shtml.

② 杨宇静.从民族志深描到理论分析——《学做工》的文化逻辑[J].中国图书评论,2013 (11)：41—46.

抗性文化与工人阶级对知识权威的反抗一脉相承。"家伙们"的种种反叛行为有一个中心点，即男子气概的张扬外露。殴打男同学如此，在女生面前的污言秽语亦然。父亲回到家时，不可避免地带回了自己的车间文化，工友之间同样以男性气概为主导，同样充斥着对新工人和瘦弱工人的肉体欺凌。"男孩的成长和他日益增长的文化信心，通常把他置于同父亲竞争、试图在一定程度上支配母亲的位置上。他变得不再喜欢自己的父亲，而是要和父亲处于同一个世界：那是崇尚独立、身材健硕和象征性威胁……的男性工人世界。"与此不同的是，"中产阶级孩子与父母的关系不是竞争性的，而是依赖性的"。中产家庭的目标与学校的目标一致，甚至比学校更重视文凭教育的重要性。"家伙们"对文凭的态度截然相反，"对他们而言，正如制度界定的那样，'文凭'就是知识权力的爪牙。因为他们反抗知识，所以他们也必然抵制和怀疑文凭并使其失去信用。"因此，他们义无反顾地背离了公共教育的"好意"，迫不及待地离开学校生活，进入车间，"体力劳作是代表、表达男性气概和反抗权威的途径。"威利斯的观察并未局限于学校。他注意到，进入就业市场后，家伙们往往比循规生更受雇主们的欢迎，因为他们对工作抱有相对较低的期望值，更容易对自己的岗位和工资产生满足感。相反，"循规者也许会发现，他们最终的职业'体验'非常令人不满，而且对某些人来说，他们也许会有一种非常强烈的'幻灭感'，而'家伙们'却不会有这样的感觉"。

在对劳动制度进行分析时，威利斯所用的方法基本上是传统马克思主义的沿袭。他使用人们熟悉的剥削和剩余价值概念，也像马克思主义者那样强调工作在本质上的无意义。他指出目前各种文凭的激增，实乃资本主义制度对工人阶级的进一步束缚。在"分析"部分，威利斯提炼出反学校文化中的洞察和局限。所谓洞察，即"家伙们"文化形式中的念头，而局限是妨碍这些念头发展的意识形态影响。"家伙们"洞察了文凭的虚假和资本主义社会劳动力的交换不等价的阴谋。他们认为文凭所带来的工作性质是无意义的，在日益去技术化、标准化的工作中，工人阶级所从事的工作并没有技术水平，也不能实现内在的满足，所以他们并不在乎文凭。他们抵抗的是学校官方所宣扬的工作多样化和学校对他们时间的管理和分配，他们建构自己的活动空间和时间，拒绝中产阶级按部就班的模式。但是，"反学校文化"最终没有发展成一种能够真正对抗资本主义剥削的力量，这是局限所致。"家伙们"并不追逐脑力劳动带来的回报，他们更喜欢通过体力劳动来证明自身的价值，而正是这种甘愿在社会底层实现认同的观念促成了资本主义制度和秩序的稳定。"反学校文化"推崇男性气概，并且在体力劳动中进行表达，但是这种在工作中表现男性决心和刚毅的特质掩盖了资本主义的剥削本质，被迫之举变成了心甘情愿。工人阶级甘愿从事的劳动和自己选择的分工客观上使中产阶级的地位合法化，因为他们会觉得中产阶级有高于他们的能力才获得更好的生活，而这实际上是一种欺骗。"家伙们"相信了人们在各自的工作岗位上是公平的，他们的处境是自己造成的，并不是资本主义制度和社会的错，是人性导致的，世界本来就是如此。对这个社会大制度公平性的认可，对管理层就应该待遇更好的理所当然的认同，对性别歧视和种族歧视的强调，其实都是"家伙们"共享的焦点和他们在主导价值之下的潜意识，也正是这种潜意识和常识使"反学校文化"最终只是一种没有抵抗力量的胡闹。①

（三）研究方法与过程

1. 观察地点

汉默镇中学，位于一个典型的建于两站间隙的工人阶级公屋社区中

---

① 杨宇静.从民族志深描到理论分析——《学做工》的文化逻辑[J].中国图书评论，2013(11)：41—46.

心,社区位于汉默镇中心。这所学校的学生完全来自工人阶级,是一所名声不错的"好"学校,学生们的行为和穿着是按照负责任、有能力的资深教职人员执行的"合理标准"进行的。威利斯选择这个观察地点的原因在于,他希望所选群体是工业区中典型的工人阶级,而他们享受的教育至少和同等环境下英国所能提供的教育一样好。同时,由于这所学校新建了一个设施齐全的青年活动中心,学生们经常光顾,为作者的参与观察提供了便利的条件。

汉默镇是最早的英国工业化城镇之一,这个城镇总面积的 20% 以上用于工业用途。它的居民成为第一批工业无产者,大部分的人在工厂里工作。它具备所有典型的工业特质和现代垄断资本主义特征,并拥有世界上最悠久的工人阶级。①

2. 观察对象

《学做工》包括一个实验研究和五个对比研究,实验研究的对象是镇上十二名受中等教育的工人阶级子弟,他们是汉默镇男子学校的学生,是反学校文化的成员或其朋友。相对个案的研究对象共有五个群体,分别是汉默镇男子学校同一年级的一群工人阶级出身的"循规生",汉默镇附近一所现代男女混合中学(更"野"的学校)的一群工人阶级出身的"循规生",汉默镇男子文法学校的一群"违规生",汉默镇所在城市市中心附近一所综合中学里相似的学生,汉默镇所在城市最高级住宅区的一所重点文法学校的一群各阶级男"违规生"。所有群体对象都来自同一年级,选择这个年龄的原因是在于他们很有可能在法定最低离校年龄十六岁终止求学。威利斯希望通过这几个小组对比其在阶级、能力、学校制度和对学校态度上的差异性。②

① ［英］保罗·威利斯.学做工：工人阶级子弟为何继承父业[M].秘舒,凌旻华,译.南京：译林出版社,2013：5—9.
② 同上书,第 6—7 页。

3. 观察内容

威利斯通过对实验组的课堂、学校和课余活动中的参与式观察、小组讨论并录音、非正式访问和日记的形式来获得田野资料并记录田野笔记。威利斯以一种班级成员的身份参与到这群学生不同时间上的所有主课和选修课，还参加了一轮职业培训课程(课程由一名经验丰富、资历颇深的老师负责)。威利斯同时还长时间访谈了实验组成员的所有父母、副校长们和小组学生长期接触的低年级老师，以及来学校的职业指导官员，并进行了录音。

从时间维度上看，威利斯对十二名实验组的男孩和对照组的三名典型个案进行了工作跟踪调查，他与每个孩子都在一起工作了一段时间，进行了参与观察，最后与他们进行了一对一的录音访谈，同时作者也有选择地采访了领班、经理及商店管理人员。[①]

总之，《学做工》选择了一个拥有典型研究主体的田野地点进行深描研究，威利斯借用主体所在不同空间、不同时间、与不同人物接触的表现来反观他们所拥有的文化的形式。此外，该书还采用了对比研究、重点个案跟踪研究的方法来共同描绘出工人阶级子女为何子承父业并甘愿如此背后的原因和逻辑。

（四）研究发现

威利斯通过长达三年的田野调查发现"家伙们"之所以学业失败，主要在于他们形成了一种"反学校文化"，"家伙们"自身的活动和意识发展把他们自己再生产为工人阶级。学校课程鼓励学生通过获取学历来实现社会流动，但学生们反抗权威、拒绝执行学校课程的要求，因此把自己变成了工人阶级。工人阶级的"家伙们"创造了反抗学校知识的文化，更

---

① [英]保罗·威利斯.学做工：工人阶级子弟为何继承父业[M].秘舒,凌旻华,译.南京：译林出版社,2013：7.

准确地说,逃课、"反学校文化"和抵抗学校课程的再生产,最终带来了具有反讽意味的结果。这些"家伙们"使自己丧失了从事中产阶级工作的资格。他们没有学到中产阶级的技能,这些技能需要服从"3R"(Reading, wRiting, aRithmetic)原则,接受适应工作的训练,才能掌握。恰恰相反,这些学生把自己变成叛逆的、"缺乏教养"的工人,他们唯一的出路就是从事没有技术含量或者技术含量很低的体力劳动。①

1. 反学校文化

"家伙们"通过在不同空间、时间的行为和言语所产生的一系列反文化活动中,来表现自己非"循规生"的身份认同。"反学校文化"最基本、最明显的表现,就是对"权威"的反抗。② 学校通过设置人人平等的课程鼓励学生获取学历从而实现社会流动,但"家伙们"反抗权威,他们拒绝配合学校完成课程要求,这使得他们最终丧失了向上流动的资格,只能沦为工业化大潮最低端的产业工人。

"家伙们"所生产的一系列"反学校文化"的行为、言语和活动都是围绕着对"学校文化"认同的群体所展开的。首先,就是对教师群体的"攻击",对教师展开了小组讨论会,会议的内容指向对老师们的批判。"家伙们"认为老师们利用自身优势(学校机构权威、身材高大、学识等)来压制他们、惩罚他们,他们认为老师们是他们的敌人。这在"家伙们"的圈子里已然形成一种反抗的风格,这种风格通过他们日常生活中与学校制度格格不入的一些细节所体现,比如小动作、表情、言语等。他们通过这些行为活动既表现了自己"反学校文化者"的身份,又引起了老师们的关注,以便他们进行更深一步的"反学校文化"活动。他们懂得如何把控"反学校文化"的节奏,通过触碰"学校文化"的模糊地带的一些"小动作"

---

① [英]保罗·威利斯.学做工：工人阶级子弟为何继承父业[M].秘舒,凌旻华,译.南京：译林出版社,2013：15—16.
② 同上书,第13页。

来引起冲突，并在激发正面冲突时及时收手。这种小动作是通过不同空间、时间的不同学校文化活动所展开的。例如，教室里扎堆蹭椅子，自习时间睡觉，课堂上一些对于"性"双关语的使用。

"家伙们"所攻击的第二个对象就是对"学校文化"认同的群体——"循规生"，他们不仅认可学校文化，而且被学校文化认可。"家伙们"通过对他们的攻击来划分身份界限，以及表达对认同"学校权威者"的不满。"循规生"被"家伙们"戏称为"书呆子"或者"软耳朵"。"家伙们"认为"书呆子"在做一些没有价值和意义的事情，他们也会通过一些更成人化的行为和言语（泡妞、酒吧喝酒、服饰穿着）将自己与"书呆子"明显区分开来，从而表现出这种自我优越感。他们认为，自己经历了所有成人应有的痛快和烦恼，喝酒、打架、挫折、性、憎恨和爱。而那些没有体验的"书呆子"是"一无所知"的。同时，这也使他们主动将自己与学校及学校制度隔离开来。

"家伙们"通过自己的"反学校文化"的活动，攻击遵从"学校权威"的人，来表明自己的身份，从中获得优越感、满足感。同时，这些"反学校文化"中的一些成人活动也是他们进入工人阶级所必备的身份认同行为。这些"家伙们"通过"反学校文化"活动实现身份认同，形成自己的"非正式群体组织"，并设立一些与"规则"对立的群体共识，包括禁忌、暗语等。只有掌握群体共识，才能成为"局内人"。他们这种处于在学校空间内的反学校文化群体的位置，赋予了他们一种建立"学校"与"社会"信息交换的职能。这个群体能够和社区中其他群体建立联系和关系网，传递独特的知识和观点，逐渐地将在学校的工人阶级青少年推向成人工人阶级的世界。

"家伙们"对学校的反抗还在于与学校制度和规则争夺象征空间与物理空间，并击碎学校公认的目标：让你"工作"。"家伙们"往往通过上课打盹、随意逃学，甚至哄骗老师等手段，逃离学校这一物理空间，以此来获得一种挑战学校正常教学秩序的满足感与存在感。他们还往往通过搞破坏、恶作剧等方式找乐子,通过打架、挑衅等一系列脱轨行为来抵制自身存在的无聊与空虚,以达到一种自我呈现、自我彰显的目的。他们的"反学校文化"已经可以成熟到自由地对付学校这个正式系统,他们能把学校要求限定在最低限度。他们利用现代制度包容不同能力人群的复杂性,阻碍学校执行课程表和"提高离校年龄"计划的各种选择。[①] 他们通过在学校严格的日程安排中自由地控制自己的生活,来体现他们对于学校制度的反抗,这种自主性也体现了他们"反学校文化"的能力。"时间"成为他们反学校的工具,用于维护"家伙们"的身份和存在状态。另一个"反学校文化"的工具是"乐子","家伙们"将学校作为塑造其特有幽默的重要环境。他们通过自己的技术来测探、玩弄和利用学校权威的某些特定主题。"找乐子"的范围涉及学校各个场合、各类活动以及学校组织的校外参观。"找乐子"的能力被这个团体内的群体所看重和相互学习,这成为他们群体内被成员所认同的能力象征。"家伙们"在不断计划、实践中精进自己"找乐子"的能力,并从中获得快乐和满足感。但是,"找乐子"并不能完全实现他们"反学校文化"的想法,他们会追求社会实践来传递他们的文化价值——暴力,这被他们赋予了"家伙们"群体文化的社会意义。"暴力的能力"成为他们获得群体内地位和威望的标准。同时,这也成为他们显示自我男性气概的方式。此外,"家伙们"还会进行一系列的成人活动的"社会实践"来寻找更多的新刺激。他们这种对刺激的追求,也成为他们自我意义中优越于遵从"学校文化"群体的资本。

　　"家伙们"的"反学校文化"充满暴力气息,以及展示男性气概的强烈诉求。在这种"反学校文化"当中,"家伙们"通过排斥、歧视遵循学校文化的群体(老师、"书呆子"们),将自己推到学校制度的边缘。然而,正是这种"反学校文化",使得这些"家伙们"失去了学校正统的承认与保护,也失去

---

① ［英］保罗·威利斯.学做工：工人阶级子弟为何继承父业[M].秘舒,凌旻华,译.南京：译林出版社,2013：36.

了进入中产阶级的敲门砖——学历。"反学校文化"让他们失去了继续学习的机会，他们不得不早早离校，沿着父辈的足迹，进入最低层的劳动力市场。

2. 为工人阶级文化做准备

学校的"家伙们"相互吸引，共同组成了一个圈子，或者说非正式群体。他们共同建构了"反学校文化"，并自觉地承袭了具有反抗性质的工人阶级文化。"家伙们"在学校期间的一系列"脱轨"行为，使得他们实际上更接近成人的生活环境，他们的这种被学校排斥的经历为他们进入社会提供了机会。"反学校文化"与工人阶级车间文化有很多根本的相似之处，工人阶级车间文化的核心是：无论条件多么艰苦、上级指导多么苛责，人们总是在寻求意义，并为之搭建参照体系。他们运用自己的才能，即使在最受他人控制的活动中也能寻求到乐趣，他们能从死板的工作经历中活出一种生动的文化。而在"反学校文化"中，"家伙们"试图在枯燥的制度下生产自己的兴趣和快乐。这些文化有其逻辑、技巧、动作和行为来达到其目的。[①]

工人阶级车间文化和"反学校文化"相似的地方有：一是男性气概、沙文主义，这是他们所从事的艰苦的体力劳动的象征。二是工人们也会在严格的日程中，通过自我技术来灵活地控制自己的实践，甚至是控制人员的配备和生产速度，这和"家伙们"在学校里借助文化资源来试图控制课堂，灵活地安排自己的时间是很类似的。三是工人阶级车间文化和"反学校文化"都有自己的群体组织，生产并传播着那些与官方权威争夺符号控制和真实空间的策略。他们有自己的语言形式和互动行为。四是两种文化共同认为实践比理论更重要，他们鄙视中产阶级的知识和文凭，并认为理论是附属在特定生产实践上的。综上，工人阶级车间文化和"反学校文化"都通过抵制社会主流制度而构建其价值意义系统与文化独特性。二者的区别可能只是学校作为育人机构，常选择保护那些尚

---

① ［英］保罗·威利斯.学做工：工人阶级子弟为何继承父业［M］.秘舒，凌旻华，译.南京：译林出版社，2013：67—68.

未成年的"反学校文化"实践者,并试图帮助他们获得融入主流社会的文化资本,把这些工人子弟培养成工人阶级车间文化的背叛者。相反,工人阶级车间文化则通过对群体边界、身份获得、资历阶序的强调,加强青年一代的文化认同,以期实现自身亚文化的再生产。

3. 家庭影响因素

家庭是工人阶级文化的承载者,通过家庭内部的讨论主题和语言使用再生产了工人阶级文化。父母是工人阶级价值观和情绪的重要媒介,他们为学生的"反学校文化"提供了具体的原料。矛盾的是,父母虽然本质上不认可学校权威,但是在学校教育活动中还是会积极配合老师、遵从学校制度,比如走访、参加学校开放日等。工人阶级家庭为"反学校文化"的形成起到了启蒙的作用,父母透过日常所表现出来的行为、言语,时刻影响着孩子们的言行。学校成为孩子们再生产这种文化的新场合,并且逐渐成为孩子们新的文化中心。他们借由学校中相似群体所形成的组织,共同生产属于自己的"工人阶级"的"反学校文化",并在这个过程中逐渐向自己父亲的工人世界靠拢,希望成为"像老爸那样"的人,他们希望在这个过程中获得认可。车间文化通过父母在工人阶级家庭中传承,家庭也成为学生从学校到车间不同环境间的经验延续。相比之下,中产阶级父母认为孩子需要获得学校的文凭,进而获得社会流动的机会。孩子与父母的关系不是竞争性的,而是一种依赖性,父母拥有像学校一样的知识权威和经济支撑地位。因此,父母拥有了孩子的绝对的监护权,孩子需要听命于父母,服从学校权威获得文凭,表现在学校中是针对学校制度的服从,为了学校的教育活动努力付出。从这个意义上来说,家庭是"家伙们"的"反学校文化"和中产阶级子女学校文化生产的摇篮。

总之,"家伙们"自觉排斥了需要高度智识、文凭的工作,他们热衷于一般劳动。而且工作环境中同事必须都"不赖",并能与自己共享同一种文化身份。这让"家伙们"很快就找到了去处,并在工作环境中如鱼得水,至少在工作的头几个月如此。因为，"反学校文化"与车间文化在彰显男性气概这一文化价值上面有着惊人的相似，而这正是"家伙们"所擅长的。与此同时，"家伙们"相较于"书呆子"们的优越感，一直延伸到了工作中。他们认为，自己与"书呆子"的工作就是笔头工作和干苦活儿之间的差别。而且，自己已经通过经验看透、学会并懂得很多"书呆子"不懂的事情。此外，工人父母所创建的家庭环境既为"家伙们"的"反学校文化"提供启蒙，又为"家伙们"未来工作的车间文化提供了一个连续滋养经验的环境。威利斯一眼就看到了这些"家伙们"悲剧的命运，经验的诱惑将这些工人阶级子弟绑在了体力工作的前程上。他们对人生、对工作充满了宿命感。在他们看来，工作的目的就是糊口、赚钱，没有人会因为热爱而工作。在他们看来，工作是没有区分的，所有的工作都意味着劳动。问题恰恰在于，这种将工作与意义感分离的高度重复的劳动很快就会使"家伙们"再度陷入危机。在生产车间里当完学徒后，他们就得在糟糕的环境中没有尽头地辛勤劳作，当这一事实愈加清晰时，他们看待车间的态度就如同以前看待学校一样。然而，当车间变成监狱，又没有资格与能力干别的时，"家伙们"最先想到的却是教育。只是，现实的种种压力使他们很少再有机会重新回到学校。他们的人生正如威利斯描述的："他们来工厂工作的时候无一不是想积攒点钱，偿还一点债务，或者计划'有一天'开始自己做生意，但他们就这么日复一日地工作了三十年。"

（五）主要理论视角与论点

从教育的角度来说，威利斯借用了批判社会学文化再生产的观点来立论，它迫使人们思考：教育的目的究竟是促进社会公平，还是强化不公平。同时，在阶级对立被弱化的今天，"家伙们"所代表的现象对学校教育提出了质疑。威利斯借助仔细的田野调查方法反驳了激进主义批评的控制论，他坚持社会分析要考虑学校社会关系的文化、主观层次，观察那些生活中最微小的细节,因而得出了一个更具说服力的学校再生产劳动力的理论。通过理论综合,他避免了那些对马克思主义再生产理论缺乏多元主义复杂性的批评,使得结论更为精准。威利斯认为,学校好比一个战场,在对劳动力进行社会分工和技术分工的过程中,学校是在对立和冲突中起作用的。工人阶级子弟也并非是资本主义工厂的炮灰,这些孩子是具有反抗意识的,但是他们在将自己制造政治社会对立者的同时也再塑成了产业工人。因此,这种辩证的理论有助于解释在教育领域内再生产和对抗是如何产生的,标志着马克思主义理论的新高度。威利斯以一个社会流动的工人阶级子弟的视角,用鲜活的例子和经验描绘了存在于学校日常运作、工厂、办公室,以及工人阶级群居的社区的阶级。对威利斯而言,工人生产产品的同时也进行了自我生产,如果他们没有把再生产内化,那么再多的操控也不能成功地再生产社会关系。在他看来,工人们在把自己变成政治社会对象,把自己定位成"中产阶级文化"的"外人"的过程中再生产了自己。《学做工》帮我们意识到,人们在与占主导地位的文化和意识形态相对立的关系中进行自我再生产。①

自由主义的教育理论家认为,如果公共教育的目标在某个人或某一群体的大多数成员身上落空,首先应该从社会,甚至从教育制度自身上寻找原因,而不该拿学生是问。《学做工》揭露了教育如何生产不平等,为"再生产"理论的发展发挥了自己的作用,为"再生产"理论提出了一个性质维度,曝光了教育中的自由主义和社会民主主义程式。基于教育在不同阶级不平衡的背景下,威利斯提出工人阶级子女之所以没有成功地成为改良主义和自由主义教育方法的目标,是因为他们本身对制度帮助他们纳入新机遇的抵制。②

---

① ［英］保罗・威利斯.学做工：工人阶级子弟为何继承父业［M］.秘舒,凌旻华,译.南京：译林出版社,2013：16—17.
② 同上书,第 265—266 页。

（六）研究者的反思

1. 经验层面

威利斯来自英国工人阶级，通过读书实现了向上流动，但他认为自己是个例外。"我的文化背景是工人阶级的，也许还有一点点布尔乔亚。我的父亲是一个木匠，后来成了一个总工头，也就是建筑检查员，为地方当局工作。再后来，他创办了自己的小房地产生意。我非常小的时候，九岁，我的母亲就去世了。"威利斯说："我上的是一所男女同校的文法学校，那个时候实行的是11＋考试，也就是从所有11岁的孩子里选拔15％左右的人去上精英性的文法学校……所以我是什么呢？有一种很特殊的上进心，一个典型的助学金男孩。事实上，我是所在的文法学校里唯——一个后来到剑桥念书的学生。""我的学校之前没有去牛津、剑桥念大学的传统，直到今天，（如果要去牛津、剑桥）也需要走一个非常特殊的路子。1963年夏天，我给牛津和剑桥的所有学院都写了信，包括女子学院——因为我不知道哪个是哪个。"威利斯回忆道。挤进剑桥后，他立刻意识到了阶级差异，"导师们觉得我是一个从黑郡来的工人阶级野小子，由于某些错误——也许是某些为失业者提供培训的项目或者类似什么机会——才能来到这个地方瞎混。甚至还有人嘲笑我的口音"。正是这种底层出身的经历，成为威利斯写作《学做工》的有利因素，即便那时候他已经从剑桥毕业，与原本出身的工人阶级有了本质区别。"我很不同，我并没有改变很多，没有完全'剑桥化'。很多工人阶级的孩子进了剑桥之后就精英化了，但我并没有，包括口音。如果想要做和我类似的研究，绝大多数资产阶级的孩子是会被（研究对象）拒绝的。虽然我受的教育非常精英，但我的外表和说话方式并不精英。"① 威利斯以自我的人生经

---

① 赵妍，陆婷.民族志经典《学做工》首出简体中文版，保罗·威利斯分析社会变迁_网易财经［EB/OL］.（2013－3－28）［2018－11－25］. http：//money.163.com/13/0328/07/8R1N0RBB00253B0H.html.

验出发选择了研究主体和主题，来描述"他的故事"。

2. 方法层面

威利斯的研究方法被看作是非科学的、人文的、相当主观的。虽然有来自不同层面的批评声音，但他认为自己并不属于那种"一致的、集中的、批判的文化路数上"。威利斯所在的"中心"有一些集中的目标，但同时也给自主性的工作提供了空间。虽然中心没有一个强大的民族志传统，但是自主性和集体目标的混合让他坚持下来。威利斯认为，创造性是他需要关注的，这是"他的故事"。威利斯需要花费大量的时间来看到经历中的创造性、抱负或者审美动机所激发的火花。因为这不是连续可见的，是迷失的、扭曲的、异化的，或被转为其他的具体形式，根据环境的不同以奇怪的、被压抑的形式展现出来。这些东西不会消散，总会恢复过来。威利斯认为我们需要保存这种内核，也就是一种去知晓、陈述甚至争辩的潜意识流或动力。同时，威利斯也认识到了自己的研究存在限域，他只是在很小的知识圈里影响着别人。他试图用一种民族志的方式，通过对别人的行为来展现当前结构性情境以及被改变了的结构位置，捕捉其对社会的意义。[①]

3. 理论层面

从 20 世纪 50 年代开始，西方国家的公共教育资源全面扩展，不同阶层的孩子拥有了近乎平等的受教育机会，但许多研究发现，尤其是《科尔曼报告》公布后，"底层群体试图通过教育来改变自身社会位置的机会仍旧远逊于社会中的优势群体"。无论教育机会怎样扩大，不同阶层、性别、种族和信仰之间的学业成就，以及在职业、收入等方面的差距明显，社会不平等不仅没有缩小反而扩大了。面对这种情况，一些学者尖锐地指出：教育是不平等的，它剥夺了大部分孩子的个体发展，把他们的未来

---

① ［英］保罗·威利斯.学做工：工人阶级子弟为何继承父业［M］.秘舒，凌旻华，译.南京：译林出版社，2013：298—307.

抛到不平等的位置，并以此来达到所谓的社会整合的目的。换言之，在一个阶级社会里，教育并非是独立而自主的，它为支配性的权力关系所形塑，并且担负着使不平等的阶级关系得以再生产的使命。

在所有的论述中，影响最大的是鲍尔斯(S. Bowles)与季亭士(H. Gintis)的"经济再生产理论"和布迪厄的"文化再生产理论"。然而，无论是"经济再生产理论"，还是"文化再生产理论"都因忽视了主体的能动性而受到批评。一些研究者指出，在这样一种再生产理论模式中，"学生被动地面对教育制度，平静地服从他们被社会化为唯唯诺诺的工人"；"能动作用、多样化、斗争等因素都被从历史中摒弃了。资本，即便是雄厚的资本，变成了一种毫无生气的惰性式占有"。正是在这种情况下，威利斯建构了关于文化生产的"社会再生产理论"，通过将行动者带回到分析的中心，关注他们在结构中创造意义的过程，拓展了先前再生产理论的结构化叙述。《学做工》就是其理论中的重要著作。①

威利斯认为，他通过自己的研究发展出了一套连贯的理论立场，这既来源于他经验上的兴趣、政治上的兴趣，也来源于他想保护自己的人文主义立场不受侵害。威利斯不建议刚刚开始研究生涯的人潜入一场"大理论"的悖论，民族志学者应该有一种健康的独立性，不然很难拥有"创造性"。理论应该是在能够阐清事实、让事物变清晰、帮助展示现象本身时才应该用的。②

---

① 中国社会科学院社会学研究所.中国社会学(第 10 卷)[M].上海：上海人民出版社，2014：213—215.
② [英]保罗·威利斯.学做工：工人阶级子弟为何继承父业[M].秘舒,凌旻华,译.南京：译林出版社，2013：317—318.

三、案例三：《礼物的流动：一个中国村庄中的互惠原则与社会网络》

（一）案例简介

《礼物的流动：一个中国村庄中的互惠原则与社会网络》(以下正文中简称《礼物的流动》)是学者阎云翔根据他的博士论文改写的一本民族志,也是他的经典著作之一。阎云翔是美国加州大学洛杉矶分校中国研究中心主任、文化人类学教授,他的另外一本著作《私人生活的变革:一个中国村庄里的爱情、家庭与亲密关系(1949—1999)》曾获美国亚洲学会列文森奖。

《礼物的流动》主要描述和分析了黑龙江省下岬村的礼物交换体系和人际关系模式,基于对下岬村的两次实地调查,阎云翔生动地再现了 20 世纪 50 年代初到 80 年代末的北方农村礼物交换情况,从细微处着手,让读者在理解农村馈赠文化之余,也能够深思农村的人际关系,内容有趣且富有启发性。

阎云翔对礼物馈赠行为的研究兴趣最早源于他青少年时期的两段农村生活经历,在山东老家时他就对春节礼物交换习俗和叔婶的日常待客之道感到新奇,之后在下岬村的日常经历和一些插曲加深了他的好奇,这种好奇,为他日后的研究埋下了种子。在接受了人类学训练之后,阎云翔才认识到礼物馈赠行为的理论意义,进而可以借助对这一问题的深入探讨开始自己的人类学研究。

在基于过往学者对礼物交换的研究基础上,阎云翔根据自身的田野调查,从独具特色的中国传统文化的角度,将关系、人情等一些概念作为理解中国礼物馈赠文化的工具,结合不同社会的文化差异性以及不同时期的社会背景,对中国乡土社会中礼物交换体系所表现出的异于其他社会的特殊性进行描述和分析。中国礼物馈赠文化的特殊性,不仅是既定社会结构的产物,更是历经千年的中国传统文化沉淀和浸染于人们日常生活中的结果。中国自古以来就是关系本位的社会,费孝通认为:"中国乡土社会的基层格局是一种'差序格局',是一个'一根根私人联系所构成的网络'。"①在这种乡土社会的日常生活中,礼物交换扮演着怎样的角色,村民又是如何进行礼物交换的,礼物交换与社会变迁存在怎样的关系,阎云翔以其敏锐的洞察力、缜密的逻辑和清晰的表达能力将这些徐徐展现在读者眼前,为我们揭开了一幅民俗生活与乡土人情的精彩画卷。

（二）研究问题与内容

回顾了有关中国社会的文献,阎云翔发现"首先,除了杨美慧的著作(M. Yang),中国礼物交换体系尚未被作为一个独立的主题来分析,也未与其他社会中的馈赠制度相比较。其次,大多数西方学者对中国社会中人际关系的研究,关注送礼的功利性与私人网络的培育,而忽视了这些社会互动的文化意义。再次,金耀基与黄光国的概念分析触及了人与其所有物之间的关系这一根本问题,但二者均在很大程度上渗透了儒家社会理论的影响,因而需要通过经验研究来检验。"②前人的研究为阎云翔提供了借鉴。在进行研究时,阎云翔选择了他曾居住并做过短期调查的下岬村,对下岬村的历史背景,包括该村的地理位置和人口分布、历史缘起、社会变迁和经济发展状况、身份群体的构成和演变等有了一定程度的了解,这有助于解释发生于此村庄的礼物交换的典型性。在下岬村的

① 费孝通.乡土中国[M].北京:北京大学出版社,2012:51.
② 阎云翔.礼物的流动:一个中国村庄中的互惠原则与社会网络[M].李放春,刘瑜,译.上海:上海人民出版社,2017:26.

实地调查过程中，阎云翔意识到"光是礼物之流本身便是十分复杂的社会实践过程，于是将自己的研究目标限定在农村礼物馈赠文化方面"。① 在研究农村的礼物馈赠文化时，他主要聚焦于四个研究问题：农村中礼物交换的种类有哪些，划分标准是什么？中国农村的礼物经济和关系网络有何特殊之处？礼物交换遵循怎样的文化规则和运作逻辑？礼物交换与社会转型之间存在怎样的关系？

　　阎云翔试图将社会主义、关系、人情和礼物纳入到同一个研究框架内，主要通过参与式观察的方法了解"村民日常生活中有关礼物馈赠的所有类型的社会活动，诸如亲戚间的互访、邻里间食物与劳动的交换以及朋友间的礼物赠送"②。阎云翔致力于这几方面的研究工作：以个人的成长周期作为事件顺序剖析礼物交换的场合以及在不同场合发挥的功能；阐明礼物对于村民日常生活的影响，包括经济、社会支持和社会保障，尤其是礼物馈赠在维持和扩展人际网络方面发挥的重要作用；重点解析中国文化中独有的人情、面子等概念，揭示人情、面子、权力和声望如何作用于礼物交换；尝试以婚姻交换为代表，讨论社会变迁对于礼物馈赠模式的影响，并探索双方的互动关系。通过这些经验性的考察，对中国农村的礼物交换文化进行描述和分析，一方面可以检验已有的理论和概念，另一方面可以进行进一步的跨文化层面上的比较研究。

（三）研究方法与过程

　　针对上述研究问题，阎云翔主要采用参与式观察的实地策略，在1991年对该村进行为期六个月的田野调查，并在两年后进行了一个跟踪调查。实地的参与观察工作主要分为三个阶段：观察准备、观察执行和

---

① 阎云翔.礼物的流动：一个中国村庄中的互惠原则与社会网络[M].李放春,刘瑜,译.上海：上海人民出版社,2017：1.
② 同上书,第 27 页。

观察记录。

1. 观察准备

在进入研究现场之前,要做一系列的准备工作。进入研究现场之前要有一个大致的想法,但这并不意味着研究者需要准备完整的观察提纲进入现场,界定研究问题和观察问题不仅需要文献回顾,还需要现场的经验支持,问题的界定是一个不断循环往复的过程。在田野工作之前,阎云翔阅读了大量关于礼物馈赠和社会交换的人类学、社会学和社会心理学方面的著作,心里有了一些疑惑和想法,他把这些疑惑和想法带到现场进行进一步的观察和验证,不断聚焦研究问题。比如,阎云翔和朋友在讨论研究礼物交换的必要性时开始罗列各种礼物,使他意识到"关于中国农村礼物馈赠的探索需要从对礼物与交换关系的系统分类开始"。①

界定研究问题还需要考虑参与观察的信效度和伦理道德问题。阎云翔采用多种不同的方式收集资料,包括访谈、问卷调查、文本(比如礼单、账簿)等,为研究提供多重证据。由于先前的生活经历,阎云翔非常容易地以局内人的身份进入研究现场,并充分参与到下岬村的各种仪式庆典和日常生活中,能够深入地观察自然情境,捕捉村民们的本土概念,这些工作使得研究更加有效和可靠。

观察准备还包括选择研究现场并以恰当的方式进入现场。之前提到,阎云翔选择下岬村作为研究现场的主要原因,是因为进入现场的便利性,他曾经在下岬村生活七年,并与部分村民保持长期联系,对该村的人员构成、风土人情和历史发展都非常熟悉,虽是以学者的身份进入现场,但能够深入地接触到研究现象。不单单是便利性,阎云翔在充分了解该村情况的基础上仍然选择下岬村作为研究现场,也说明下岬村对于解释研究问题具有一定的典型性。

---

① 阎云翔.礼物的流动:一个中国村庄中的互惠原则与社会网络[M].李放春,刘瑜,译.上海:上海人民出版社,2017:50.

2. 观察执行

关于如何进入研究现场、如何处理自己的角色、如何建立和维持实地关系，阎云翔在书中并没有过多地陈述，但是可以看出，他在研究现场时，并没有遇到很多困难和角色冲突，也与当地村民建立和维持了相对信任和谐的关系，甚至与其中的一些村民感情深厚，这些人成了研究的关键信息提供者。

在参与观察过程中，阎云翔主要通过以下几种方式收集实地资料。

（1）开放式观察

在研究的初期，阎云翔采取一种比较开放的态度，对下岬村的整体情况和历史发展脉络进行梳理，收集了一些相关统计数据。另外，阎云翔经常能在随意交谈中获取到一些有启发意义的信息。比如，他在村委会办公室和几个村民闲聊时，遇到一个男孩带来村民刘正要为自己的父亲操办 70 大寿的消息，由此展开是否送礼和为什么送礼的探讨。①

（2）访谈

基于对下岬村的礼物交换的整体感性认识，阎云翔的视野开始不断聚焦，这一阶段，他根据研究问题对不同的村民进行了访谈。通过访谈，可以捕捉一些本土概念，比如"上油"、"面子"、"养钱"等，也可以通过村民们对自己交换行为的解释，对礼物交换文化进行意义阐释和理论分析。同时，访谈也可以发掘一些新的观念，比如下岬村一位学识渊博而明智的 72 岁的老人针对礼物交换规则提出了宝贵意见，也引出了阎云翔想要重点研究的"人情"概念。②

（3）问卷调查

田野工作初期，为了解村民礼物支出费用的基本事实，阎云翔借用了

---

① 阎云翔.礼物的流动：一个中国村庄中的互惠原则与社会网络[M].李放春,刘瑜,译.上海：上海人民出版社,2017：88.
② 同上书,第 136 页。

问卷调查的方式。研究设计的问卷包括 22 个有关随礼态度和礼物交换活动的问题。该调查基于分层抽样样本，由于随礼行为与家庭的发展周期紧密相关，阎云翔决定以年龄组作为抽样的基本标准。根据年龄、性别、婚姻状况和经济处境，选择了 100 个调查对象，共收回了 93 份有效问卷。①

（4）礼单、账簿、送礼花销的私人记录

礼单是此研究中非常重要的文字资料，既帮助阎云翔了解当地村民的收支情况，又有利于理清个体的人际关系网络，也有助于理解礼物交换背后的原因和社会背景，增强了研究的丰富性和客观性。账簿和送礼花销的私人记录也起到了类似的作用。

（5）个人经验

以个人经验来检验研究资料对于理解所研究的生活方式具有重要意义，比如阎云翔在下岬村居住期间，发现拜访自己的村民随意地抽房东留在桌上的烟，以阎云翔的个人经历，他认为这样给房东造成了负担，于是自己买了烟，却遭到了房东的指责，房东认为阎云翔没有把他们当做"自家人"，这样的指责使阎云翔意识到买烟补偿房东的行为会被理解成一种疏远的信号，从而使他更加深入地感受到礼物交换的道德责任感。②

3. 观察记录

阎云翔在参与观察的过程中，做了大量的记录工作，包括对访谈内容的记录和整理，以及对礼单、账簿等文字资料的记录和分析。为了梳理礼物开支与家庭财政管理之间的关系，阎云翔誊写了一位村民的整部账簿。保留礼单的习俗为解释村民们关系网的构造提供了文献证据，不仅誊写原始礼单，阎云翔还运用统计测量的方法将礼单变成一个总计有 5 286 次个人礼物来往的计算机数据库。通过走访礼单的物主，并请求他

---

① 阎云翔.礼物的流动：一个中国村庄中的互惠原则与社会网络[M].李放春,刘瑜,译.上海：上海人民出版社,2017：83.
② 同上书,第 143 页。

们描述与馈赠者间关系的性质，他得到了 43 张生动显示下岬村人际关系的内容和型构的社会关系图纸。阎云翔还选取具有典型性的关键人物的礼单进行具体分析，如选择村庄中许先生次子婚礼的礼单作为代表，由此总结出下岬村民关系网络的结构。[①]

（四）研究发现

经过资料的收集、整理和分析，阎云翔阐明了自己的研究框架和研究发现。

1. 礼物交换类型

从礼物与交换方式的系统分类开始，按照礼物交换的场合，阎云翔引入了仪式化的和非仪式化的礼物这对范畴，并且借助贝夫（Harumi Befu）关于表达性与工具性的二分法将村庄中的礼物交换分为四类，囊括了 22 种礼物交换形式，具体情况如表 3-1 所示。表达性的礼物交换主要遵从社会习俗和规则，用于维持既有的社会关系，工具性的"送礼"从动机上有功利的色彩。仪式性场合中表达性礼物的馈赠主要是按照个人从出生到死亡的自然顺序概括的。

表 3-1　礼物交换类型表

	表达性礼物馈赠	工具性礼物馈赠
仪式性场合	生育庆典、流产、妇女绝育、订婚、婚礼、盖房、生日典礼、葬礼、祖先祭祀、偶然的庆贺、秧歌舞	间接付酬、溜须礼、上油礼
非仪式性场合	互访、拜新年、挂钱、孝敬、压岁钱、探望病人、食物交换、爱情信物	

2. 礼物经济

经过统计，阎云翔发现下岬村民的礼物交换开支占家庭年收入比

---

① 阎云翔.礼物的流动：一个中国村庄中的互惠原则与社会网络[M].李放春,刘瑜,译.上海：上海人民出版社,2017：115.

重较高,说明礼物交换在其日常生活中的中心地位,且他由一次闲聊时的偶发事件意识到村民的礼物交换经常出于道德义务,这种义务性的交换有助于人际网络的培养、维持和扩展。并且,基于礼物交换构建的关系网络发挥了重要的经济、政治和社会功能。从经济上讲,基于农业生产和私人资金的需要,村民之间会相互帮工而非雇佣外来工,也会通过中间人进行私人融资;在政治方面,对于普通村民来说,较大的社会关系网络能够充当他们的自我保护机制,得以化解危机和冲突;在社会方面,通过村民的口述历史,阎云翔认识到社会交换活动与社会危机的处理之间的关系,与关涉生命周期的仪式的社会支持之间的关系。

3. 社会关系网络

根据访谈和礼单分析,阎云翔描绘出下岬村民社会网络的型构。如图3-1所示,按照私人关系的可靠性程度,将关系划分为五个区域:核心区域、可靠区域、有效区域、村庄社区以及村庄以外,而上文提到的22种礼物交换会在对应的区域内发生。阎云翔认为,关系区域实际上的边界是在礼物交换的动态关系中维持的,然而某些礼物交换关系有明确边界,比如祖先祭祀、爱情信物只在核心区域进行,也有一些礼物交换关系是无限度的,比如婚礼和葬礼可以延伸至村庄以外。下岬村民会用"死门子"形容那些不善于培养社会网络的人,阎云翔在中国北方的其他地区也发现了类似的本土用语。这些构建关系的失败者,不仅会受到言语上的指责,也会受到社会的制裁。在集中分析了村庄中许先生次子的婚礼礼单,并通过其他案例进行验证后,阎云翔总结出下岬村的社会网络的结构特征:"对朋友联系而非亲属关系的严重依赖,大量屯亲的卷入以及姻亲的积极角色。"①

---

① 阎云翔.礼物的流动:一个中国村庄中的互惠原则与社会网络[M].李放春,刘瑜,译.上海:上海人民出版社,2017:124.

馈赠场合	核心区域	可靠区域	有效区域	村庄社区	村庄以外
生育庆典	→				
流产	→				
妇女绝育	→				
订婚	→				
婚礼	→				
盖房	→				
生日典礼	→				
葬礼	→				
祖先祭祀	—				
偶然的庆贺	→				
秧歌舞	—				
互访	→				
拜新年	→				
挂钱	→				
孝敬	→				
压岁钱	→				
探望病人	→				
食物交换	→				
爱情信物	—				
间接付酬				→	
溜须礼			→		
上油礼				→	

图 3-1 礼物馈赠关系与关系结构①

注：箭头表示在每一送礼场合中所牵涉的私人关系的跨度。关系依据可靠程度分组，从最可靠的（核心区域）到可靠性最低的（村庄以外）。

4. 互惠原则与人情伦理

阎云翔在参与观察中总结出下岬村民的四条礼物交换原则：一是常

---

① 阎云翔.礼物的流动：一个中国村庄中的互惠原则与社会网络[M].李放春,刘瑜,译.上海：上海人民出版社,2017：110.

人总是以互惠的方式与他人来往；二是无论在亲属意义上还是在社会意义上，随礼不能打破现存的社会地位等级体系；三是"礼从往来"，或"根据以往的相互关系来置礼"；四是回礼的方式应该避免把礼物交换视为还债。[1] 这四条礼物交换原则都体现了互惠原则，在多条规则冲突的情况下，"人情"可以作为一条基本原则来解决问题。在下岬村的人情伦理中，"沾光"和"面子"扮演着重要的角色。"'沾光'一词用语表示一个人从一些特殊主义联系中获益的意图或行动。当然，它也意味着一个人有义务让在其关系网中的他人分享他或她的特权或社会资源。"[2]包含社会脸面和道德脸面两方面的"面子"则主要起一种道德约束的作用，同时阎云翔对过往研究中"主要是上层人关心其社会脸面"的观点提出了质疑，认为下岬村民对社会脸面的追求使他们积极参与到礼物交换的博弈中去。另外，礼物交换不仅仅考虑道德义务，很多礼物交换也存在情感意味，情感是村民随礼时最通常的判断依据。情感与道德之间也有紧密的联系，这种联系最直接的表现就是"恩情"，"恩情"不仅需要回报，更需要将感情铭记在心。最终，阎云翔总结出人情伦理体系的三个结构性维度：理性计算、道德义务和情感联系。[3]

5. 权力与声望

在访谈中，关于干部是否回礼，阎云翔得到了莫衷一是的回答。于是，他又进一步地对礼物交换的平衡问题做了特殊调查。调查发现，礼物的不平衡交换主要有两个原因：家庭发展的周期不同和社会地位的等级不同。[4] 在家庭发展周期方面，比如年轻夫妻因为没有孩子或孩子较小所以家庭庆典较少，从而被迫处于单向送礼的位置；在家庭发展后

---

[1] 阎云翔.礼物的流动：一个中国村庄中的互惠原则与社会网络[M].李放春,刘瑜,译.上海：上海人民出版社,2017：133—136.
[2] 同上书,第 139 页。
[3] 同上书,第 158 页。
[4] 同上书,第 161 页。

期也是如此,由于此时操办仪式的机会甚少,所以老年家庭也处于礼物交换不平衡的状态。在社会地位方面,也存在这种单项的、不均衡的问题,如新中国成立以前,公共生活中不平衡的交换主要发生在地主和佃农之间,佃农过年过节经常要给地主送礼以表达敬意,而地主则不会回礼,但会在日常生活中给予佃农好处。也有一小部分村民涉入与地方官员的礼物交换关系中。

在下岬村等级关系的礼物交换中,并非像过往大多数人类学家所研究的结果那样,赠礼者通过赠送他人礼物而迫使他人听命于自己,从而获得优势地位。下岬村礼物向上的单向流动并没有改变上层的优势地位,为何下岬村会出现如此特殊的情况? 阎云翔对当时的社会形态进行了分析,当时的下岬村乃至中国的大多数地区,既不像人类学家研究的边缘性的、初级的社会形态,也不是工业化的、现代的社会形态,而是处于社会主义体制下的计划经济中,国家垄断了资源,赋予干部极大的权力,造成了干部与村民之间的权力依附关系。[①] 即便上级有可能回偿下级的单向送礼,也不是直接的礼物交换,而是通过运用他们的职务之便安排工作份额或职务升迁等。这样的非均衡交换只能实现个别人的阶级流动,并不会削弱社会等级制的影响,反而会推动社会等级制的再生产。与前人研究结论相矛盾的是,在下岬村的所有礼物交换类型中,都是收礼者而非送礼者获得声望,这种声望驱使村民们因为想要获得实惠而积极送礼,造就了送礼竞争。

6. 婚姻交换与社会转型

阎云翔在分析了关系、人情、面子等一些核心性的价值和原则之后,将关注点转向社会变迁对馈赠模式的影响,并选择村庄中最普遍的礼物类型——彩礼和嫁妆作为集中讨论的对象。彩礼主要包括两种形式:现

① 阎云翔.礼物的流动:一个中国村庄中的互惠原则与社会网络[M].李放春,刘瑜,译.上海:上海人民出版社,2017:173.

金和物品,物品可被分为家具、床上用品、大件三类。嫁妆通常是实用性礼物,比如首饰、梳妆用品和卧室家具。

从20世纪50年代开始,彩礼的形式有了一系列的变化,从最初的礼钱一项,到70年代发展为六种类别的现金礼和实物礼(礼钱、买东西钱、装烟钱、家具钱、被褥钱、大件),再到90年代之后又变回单一的类型——干折[①]。这样的变化既受到国家政策的影响,比如60年代政府对送礼行为的打击;又受到民间信息的影响,比如80年代中期传闻不再分盖房子的地,于是村民们以干折代替实物买建筑材料。在这四十年间,即使国家一直批判婚事花销,婚礼支出却增长了50倍,花费的上涨主要源于干折的发明,干折背后隐藏的是新娘对由新郎家提供的婚姻开支的最终支配权。[②]

嫁妆的变迁很难衡量,因为对于村民来说,嫁妆并非义务性的要求,因而每个家庭给予的嫁妆没有一个统一的标准。通过访谈,阎云翔了解到,20世纪五六十年代,新娘的父母会将大部分的彩礼扣留下来用于自己儿子们的结婚开支,仅拿出微薄的物品作为给女儿的嫁妆。这一时期,新郎给新娘家提供的现金礼物被称为"养钱",即支付新娘父母抚养新娘的费用。20世纪70年代起,嫁妆开始扶摇直上,到80年代后期,已然形成提供奢侈嫁妆的趋势,"养钱"的称谓也不复存在,嫁妆的增多很大程度上出于新娘的要求。

无论是彩礼的变迁还是嫁妆的变迁,实质上都反映了新娘在婚姻协商乃至财务交换上地位的上升,但这并不意味着妇女财产权的革命性变化,虽然女性在缔结婚姻的过程中扮演着抗争者的身份,但实质上是在为自己的小家庭谋利。地方习俗"照订婚像"逐渐兴起之后,新娘的角色更加活跃,阎云翔观察并分析到,这一习俗一方面为新郎家制造了巩固

---

① 这里的"干折"指作者所说的"折合彩礼",即将三类财礼(礼钱、买东西钱和装烟钱)折合成一个现金总数,由新郎家把现金交给新娘本人。

② 阎云翔.礼物的流动:一个中国村庄中的互惠原则与社会网络[M].李放春,刘瑜,译.上海:上海人民出版社,2017:200.

婚约的机会，另一方面可以增进夫妻之间的感情，产生相互眷恋和情感联系，①使得婚姻双方为了家庭共同体而积极争取，这种对独立生活的渴求，正是高昂彩礼持续升温的最重要的原因。

（五）主要理论视角与论点

在人类学史上，最早对礼物交换进行研究的是马歇尔·莫斯(Marcel Mauss)，他在自己的著作《礼物》(*The Gift*)中介绍了波利尼西亚、美拉尼西亚等地区的礼物交换，并重点介绍了"夸富宴"，通过比较不同类型的"夸富宴"，莫斯提出了礼物交换与商品交换的对立，并在毛利人的"'豪'(hau)——一种存在于森林中和某个人送给另一个人的贵重物品中的神秘力量"②的观点中找到了促使收礼者做出回报的答案。由莫斯"礼物之灵"理论延伸出来的"不可让渡性理论"使阎云翔进一步思考中国的礼物交换形式，对下岬村民而言，"礼物是可让渡的并且礼物自身或其中并不蕴含任何超自然的力量"。③

互惠理论为作者分析下岬村民的社会关系提供了借鉴。受到莫斯的交换理论的启发，阎云翔关注乡村社会的关系结构。交换理论"将礼物馈赠视作一种创造、维持并强化各种社会关系的文化机制。这些社会关系可以是合作性的、竞争性的抑或敌对性的"。④但是阎云翔挑战了萨林斯(Sahlins)的原始交换模型，萨林斯按照亲属距离将互惠类型分为一般互惠、均衡互惠和否定性互惠，而他认为，礼物馈赠的慷慨程度并不仅与关系亲疏有关，礼物交换是理性计算、道德义务和情感联系三者共同作用的结果。在区分礼物交换和商品交换时，阎云翔借用了贝夫关于表

---

① 阎云翔.礼物的流动：一个中国村庄中的互惠原则与社会网络[M].李放春,刘瑜,译.上海：上海人民出版社,2017：205.
② 同上书,第 10 页。
③ 同上书,第 228 页。
④ 同上书,第 107 页。

达性与工具性的二分法,提出了一种中国礼物的特殊类型,工具性礼物。贝夫认为:"表达功能即赠者和收者之间既有的地位关系决定了礼物交换的情状(要送的礼物的种类与价值),而馈赠支持了该地位关系。这与礼物馈赠的工具性运用形成了对照。在后一种类型中,交换状况(礼物的特点与价值)决定了地位关系,即一个人通过送礼而操纵了地位关系。"①

在英国结构—功能主义人类学传统中,亲属关系被视为是构建社会关系的结构性基础,也有一些学者如莫里斯·弗里德曼(Maurice Freedman)提出并发展了中国社会的宗族范式,认为父系关系优于其他的社会关系。② 而阎云翔在下岬村的调查结果挑战了这一范式,在下岬村的社会关系网络中,姻亲比族亲即父系亲属群体更加重要,这与对我国台湾和香港地区农村的研究结论类似。

关于中国人的"面子",已经有无数的理论探讨,阎云翔在下岬村的发现证明了学者胡光缙提出的社会脸面和道德脸面的存在。阎云翔的观点是,在下岬村民的社会往来中,"面子"扮演着一种道德约束的作用,对社会脸面的追求促使村民积极参加礼物交换的博弈,而道德脸面的约束规范着所有参与者的行动。

在不平衡的礼物馈赠中,以往大多数人类学家研究认为,是赠礼者通过将收礼者变成债务人而获得声望和权力,因而在非均衡的交换中,礼物通常是沿着社会等级向下流动的。阎云翔通过在下岬村的田野调查发现,礼物的非均衡交换多是向上单向流动,且收礼者保持着对赠礼者的优势地位。

关于婚嫁交换的人类学著作中主要有三种理论视角:结构—功能

① 阎云翔.礼物的流动:一个中国村庄中的互惠原则与社会网络[M].李放春,刘瑜,译.上海:上海人民出版社,2017:52.
② 同上书,第124页。

主义的、马克思主义的和结构主义的。"科莫罗夫(Comaroff)指出,除一些特例,人类学中关于彩礼的理论集中于探讨婚姻赠礼(一方面)与社会群体的结构布局、身份的法理创设和权利的让渡以及姻亲协商(另一方面)之间的功能性关系。一般认为彩礼代表着群体——比如宗族或家庭——间的财产转移。"①在这种理论框架下,发展出两种理论:婚姻偿付理论(marriage payment theory)和婚姻资助理论(marriage endowment theory)。前者认为彩礼是新郎家向新娘家做出补偿,以确认新娘繁衍后代和家务劳动的权利的转移,后者则将彩礼视为对新婚夫妇的资助。阎云翔认为这两种理论对于分析中国的婚姻交换具有启发意义,但单凭这两种理论难以解释社会主义中国婚姻交换的复杂性和多样性,于是更深入地分析间接嫁妆制度和社会变迁的影响。过往人类学倾向于从新郎和新娘父母的视角分析,认为婚姻交换是双方父母的家庭决策,而阎云翔则倾向于从新郎新娘自身考虑,解释了新婚夫妻的能动性。

（六）研究者的反思

参与观察的最后,研究者需要对自己的研究进行反思,有助于发现当前研究的问题,并为下一次的研究提供借鉴和启发意义。作者阎云翔主要从三个方面对自己的研究进行了反思。

1. 研究方法的反思

阎云翔主要依据研究现场的便利性选择下岬村作为研究现场,但他认为这样并非暗示下岬村代表了中国社会的整体。关于现场选择的代表性和典型性问题,他这样解释:"我在中国东北的这个小社区所遇到的大多数情况,在中国的其他地区(香港和台湾也不例外)也同样有迹可

---

① 阎云翔.礼物的流动:一个中国村庄中的互惠原则与社会网络[M].李放春,刘瑜,译.上海:上海人民出版社,2017:212.

寻。文化多样性和地区的差异一致为中国问题专家所承认，而且严格说来所有关于中国社会的民族志个案研究都既典型又不典型。不过，当我们比较下岬村的礼物交换与印度或者美拉尼西亚的礼物交换时，辨识出这些民族志个案之主要特征仍然是可能的。这转而又为我们在跨文化的层次上进行比较提供了可能性，而无须强调每一个案在微观文化的或亚文化的层次上的特殊性。所有关于礼物的人类学理论都建立在对特定族群的个案研究基础之上，只有在更高的概括的层次上，我们才能看到既定文化的独特和有趣之处。"[1]阎云翔的这些反思其实是在反思参与观察法的结论推论问题，即个案的代表性和典型性问题。中国学者王宁认为，这种个案研究的推论并非是由样本到总体的"统计性扩大化推断"，而是从个案上升到一般结论的归纳推理形式，所以个案研究的样本不一定需要具有代表性但是需要典型性。[2]

2. 研究视角的反思

阎云翔在中文版自序中提到，他在研究过程中已经注意到女性在礼物交换获得中扮演的积极角色，女性不仅同男性一样频繁地参与到礼物馈赠的活动中去，还通过积极参与生育礼仪和创造新的仪式（如流产后的仪式）而形成她们的女性关系网络。虽然意识到这些，但是阎云翔在研究分析中缺乏对女性视角的重视，使得女性角色的主体性在本研究中没有得到应有的展现，她们作为个体化的形象是无声的和边缘化的。[3]

3. 成果表达的反思

阎云翔认为研究成果的最初版本是面向英文读者，英文原版被翻译

---

① 阎云翔.礼物的流动：一个中国村庄中的互惠原则与社会网络[M].李放春，刘瑜，译.上海：上海人民出版社，2017：233.
② 王宁.代表性还是典型性？——个案的属性与个案研究方法的逻辑基础[J].社会学研究，2002(05)：123—125.
③ 同注①书，第4页。

成中文版后，其结构安排和表述方式不符合中国读者的阅读习惯，比如
社会交换理论的部分过于简要，而对于农村习俗的描写又可能过于细
致，部分语词也有些"洋腔洋调"，不易于中国读者理解。①

---

① 阎云翔.礼物的流动：一个中国村庄中的互惠原则与社会网络[M].李放春,刘瑜,译.上
　海：上海人民出版社,2017：3.

第 4 章
拓展阅读：从"论方法"到"方法论"

夫达也者,质直而好义,察言而观色,虑以下人。

——《论语·颜渊》

由于没有清晰简单的路径去面对作为观察者的自己,大部分专业观察者都会探索出自己的保护措施,即"方法",来"减少焦虑及让调查更有效地进行"。

——贝哈:《动情的观察者:伤心人类学》

本书是一本关于质性研究中"看"与"被看"的书。在质性研究中,这种方法被称为参与观察法。参与观察包含两个密切相关的部分:参与和观察。这种方法要求研究者既要参与到研究场地、研究对象的日常生活之中进行"观察",又要求研究者根据观察所得继续开展进一步的"参与"活动。如此反复,假以时日,据说研究者的"功力"便可以精进,不仅能获得研究所需的"数据",还能扎根"田野"、孕育新"我"、改造世界。事实上,"参与"和"观察"在研究者置身其中的具体情境中是很难做出严格区分的。尽管如此,在大多数质性研究教科书或研究文本中,研究者仍乐而不疲地将"参与观察"拆分出不同的步骤,以期通过"解剖"参与观察的过程让初学者获得一种"做"研究的满足感和确定感。这就如同把大象放进冰箱,让人心中暗爽、获得感爆表的并不是把大象放进冰箱的过程共分了几步,而是关上冰箱门时那一声向世界宣告大功告成的"砰"。

把大象放进冰箱分几步?其中一个答案是一共分三步,第一步打开冰箱门,第二步把大象放进冰箱,第三步关上冰箱门。当然,网络上流传的关于这个问题的答案还有更多,例如,将大象与冰箱进行概念化讨论是否能量化测量的,也有将大象与冰箱的问题上升到资本主义世界体系的不平等问题的,更有将这一问题置于人类学、社会学的经典分析思路中进行解构的。但是,从研究方法的角度进行反思,重点也许不是把大象放进冰箱一共分成几步以及为何要分成这几步,而是为什么一个研究者会问出这样的问题。前者是研究方法的技术层面,后者则是研究者在方法论、认识论层面的立场与坚持。

为什么研究者热衷于探究"把大象放进冰箱分几步"的问题？对这一问题的回答也许要追溯到 19 世纪科学主义思潮的兴起,以及这种思潮是如何在之后的近二百年时间里重构了人类认识世界、探索自我、思考"我"何故在哪里诸多问题的方式。简单来说,把大象放进冰箱分几步这一问题关心的不是"如何把大象放进冰箱",而是通过明确把大象放进冰箱的步骤,进而获得一种科学主义信仰驱动下的合法性。

是否认同"科学主义"的合法外衣及其代表的神圣性,一直是社会唯名论(nominalism)与社会唯实论(realism)争论的焦点之一。社会唯名论否认一般性的客观实在性,否认概念的客观内容,认为个别事物的特殊性才是真实存在的,而概念只不过是标示个别事物的名称。因此,唯名论者普遍认为社会只是一种幻象,只有个体才是真实存在的。社会唯名论是微观社会学(甚至也许可以说是人类学)的重要哲学基础之一。韦伯(Max Weber)、米德(George Mead)等符号互动论者都曾经被归入唯名论者。与这种主张相反,社会唯实论认为尽管社会是由个体组成的,但当多个个体组成社会后,社会就具有了独立于个人的属性,这种属性是任何个人都不具备的,因而,社会科学研究要将社会的这种整体性作为分析单元。社会唯实论影响了宏观社会学的许多分支流派，如结构功能主义。①

　　研究方法的发明、发展与使用都离不开研究者的"三观"（世界观、人生观、价值观）与"三论"（本体论、认识论、方法论）。与科学主义倡导的科学的、可验证的研究取向不同，源于人类学民族志方法的质性研究方法更多的不是要成为科学主义的新奴仆，而是通过回到日常生活，进而探究生活的日常性与生成性，也即唯名论所主张的"重构真实的个体"。在这个意义上，生活的质感不能抽象为社会的整体性，而只能通过"体悟"来达至身心合一式的"触摸"。用著名人类学家克利福德·格尔茨（Clifford Geertz）的话说，就是要回到"作为文化体系的常识"：

　　　　常识作为人类文化最古老的街区之一，它虽不是很规律、不是很一致，但却已经跨出了小胡同和旮旯角儿挤成的迷宫，开始迈向某种不再那么多变的形貌，我们可以说它特别显明地揭示了推进这一发展的驱动力，那就是把世界弄清楚的欲望。②

　　在格尔茨看来，"常识"具有五个属性：自然性（naturalness）、实际性（practicalness）、浅白性（thinness）、不规则性（immethodicalness）与易获取性（accessible-ness）。③ 从某种意义上而言，回归常识的这五个层面，也是质性研究的一个主要旨趣和追求。在这种努力中，参与观察与深度访谈、实物分析一起构成了质性研究的三大技术。这主要是因为"参与观察法特别适合于探索性的研究、描述性的研究和旨在进行理论阐释的研究"④。

① 周晓虹. 理论的邂逅：社会学与社会心理学的路径[M]. 北京：北京大学出版社，2014：103—126.
② [美]克利福德·格尔茨.地方知识——阐释人类学论文集[M]. 北京：商务印书馆，2014：92.
③ 同上书，第 100 页.
④ [美]丹尼·L.乔金森.参与观察法：关于人类研究的一种方法[M].张小山,龙筱红,译. 重庆：重庆大学出版社，2015：3.

具体而言,参与观察法适用于以下类型的学术问题：

● 人们知之甚少的现象(新近形成的群体或运动、情感作用、基督教原教旨主义的学校、人类的即兴行为)。

● 局内人和局外人的观点存在着严重分歧(族群；工会；管理部门；亚文化,如神秘主义者、扑克游戏者、裸体沙滩成员；甚至一些职业人士,如内科医生、部长大臣、新闻播音员或科学家等)。

● 在局外人看来模糊不清的现象(私密的互动及小群体,如身体和精神的疾病、青少年性行为、家庭生活或宗教仪式)。

● 不为公众所知的现象(犯罪与越轨；秘密群体和组织,如吸毒者和贩毒者、神秘偏执的宗教)。①

上文所述可以总结为两点：其一,参与观察法适用于人们了解较少的现象；其二,参与观察法适用于局内人与局外人观点和态度迥异的问题。这两点往往又是紧密联系的：人们对知之甚少的现象、了解较少的群体常常抱有某种想象与刻板印象,也正因此,基于刻板印象的观点和态度与相关群体成员内部的看法往往非常不同。例如,圈外人一般认为大学教师的工作非常轻松,每年有三个多月的寒暑假,平时也就是上上课、写写论文,在学生面前"表演"一下博学与深刻等,但实际上大学教师群体的工作压力也许并不比其他行业小,最重要的是收入与压力不成正比,寒暑假不是在加班就是在为没有去加班而焦虑。所以,大众对大学教师的刻板想象与从业群体的"真实"感受之间的巨大差异,也许正是为参与观察法提供了大展拳脚的可能。

---

① [美]丹尼·L.乔金森.参与观察法：关于人类研究的一种方法[M].张小山,龙筱红,译.重庆：重庆大学出版社,2015：2.

参与观察法的适用性决定了这种方法的特征。换言之,参与观察法的使用者都必须面对三个层面的问题：如何参与、为何观察以及何为真相。

一、在希望的田野上

参与观察是围绕着"希望"展开的。在进入田野前,研究者便开始向往田野调查,对调查的诸多不确定性充满"希望"与幻想。即便是在做较有确定感的准备工作,如设计访谈提纲等,也是对不确定性的一种关涉"希望"的表达。在田野过程中,研究者的情绪起落、研究进展等都围绕着一个"希望"的破灭或另一个新的"希望"的燃起。这样的体验源于对田野地点日常生活的参与,以及研究者是"如何参与"的。在这个意义上,研究者不仅要适时调整自己"参与"的策略,而且还要有淡定面对"希望"变成无望的勇气。

首先,参与是一种研究态度。很多初学者认为质性研究很简单,其中参与观察的研究技术则更简单。持这种观点的人认为,参与观察就是"在那里"、在田野的"现场",只要"在那里"便一定有所"观察"和收获。这种观点没有错,甚至是很多人类学家乐于传播的观点。但是,研究者需要不断提醒自己的是以何种态度"参与"研究对象的生活。对这一问题的不同理解和回答直接影响着研究的进展与研究结果。例如,研究者以一种高高在上的姿态进入研究现场,觉得研究对象都是未开化的野蛮人,需要研究者去"帮助"、"解救",这是殖民时代西方学者的经典嘴脸。这样的姿态在当下是不被接受的,在政治上也是不正确的。那么,一种刻意为之的谦卑是否就是值得提倡的? 答案也许难以用是与否来回答。谦虚谨慎对质性研究者而言的确是一种"美德",其益处是最少的因为自己的无知与莽撞冒犯到研究对象,也就尽可能地把因为冒犯到"守门人"而使田野调查夭折的可能性降到最低。但其坏处也是明显的：谦卑常让人觉得不够自信，特别是对新手而言，让人感受到的"不自信"可能会让研究者失去对研究现场主导权的掌控。尤其是对于教育研究而言，研究对象很多时候是好为人师的老师们，研究者的谦卑可能恰好激起了这些研究对象"教育"人的欲望，甚至要"指导"研究者如何做学问。在这个意义上，研究者需要不断提醒自己："我才是专家！"同时，对其他善意的或非善意的指教抱以"尴尬而不失礼貌的微笑"。

　　其次，参与"是一种策略，否则便无法接近人类生活和经验的某些领域，直接观察和体验是收集资料的主要方法和形式，但同时研究者可以运用访谈、查找文献和其他方法收集资料"①。对于研究者来说，参与当地人的生活的首要目的是获得研究所需的"材料"，而非其他。如果忘记了这个首要目的，那么研究者则可能"迷失"在当地生活之中。例如，一个经典争论是研究者是否要干预当地人的生活，尤其是那些貌似不符合"主流"价值观的行为方式。如果研究对象不喜欢"学习"、成绩很差，研究者是否要"教育"他╱她要"好好学习，天天向上"、"成为一个对社会有用的人"？此类研究者大多有着极强的使命感，甚至是传教士式的使命感，同时也许还带着某种精英主义的自以为是，认为与自己价值观不同的人就是需要被"改造"的，而否认不同群体可能有完全不同的"成功╱失败"观念，也有着迥异的文化意义系统。那么，如果参与的首要目的是获得研究所需的材料或数据，"参与观察法是一种特殊的策略和方法，了解人类世界内在的、从表面上看起来主观的方面。通过参与，研究者能够以局内人的身份观察和体验人们交往的意义"②。但是，同样需要注意的一个问题是：作为"局外人"的研究者真的能够通过"参与"而成为"局内

----

① ［美］丹尼·L.乔金森.参与观察法：关于人类研究的一种方法［M］.张小山，龙筱红，译.
　　重庆：重庆大学出版社，2015：15.
② 同上书，第12页。

人"吗？如果答案是否定的，那么一个可能的追问也许是：质性研究中的
"局内人／局外人"二分法是否是建构出来的谎言？

　　再次，参与是一种承诺。从研究方法的角度来看，参与当地生活既
是研究者对自己的一种承诺，也是研究者对其所从事的质性研究的承
诺。置身于一种异文化之中并没有想象中的浪漫和简单。有时候，置身
于广义上的同一文化（如中国文化）之中，但研究对象与研究者分属于文
化迥异的群体（如少年犯与教育学博士研究生），这种极端的群际差异也
会导致研究者感受到强烈的不适。尽管极少有人类学家或文化学者直
言他／她们在田野工作中的这种不舒服的感觉，这并非表明所有的参与
观察都是令人愉悦的。同样的，研究者对参与田野当地生活的感受也常
常决定或影响了参与的"深度"与"宽度"。例如，一个在城市长大的中产
阶层学生也许会觉得山村学校的旱厕非常恶心，也许还会觉得山村学校
的食堂不卫生、不干净，这种对远离熟悉生活场景的陌生感、厌恶感往往
会影响研究者的去与留。在这个意义上，选择"留"的研究者也许同样不
喜欢当地环境，也许对参与其中也是情非所愿的，但"留"下"参与"也许
可以称之为一种职业的、专业的承诺（commitment）。强迫自己完成并不
喜欢的任务是可贵的职业操守。

二、在意义的交换中

"观察"是广义人际互动的重要方法之一。如此,远在"观察"成为"科学研究"的手段之前,人们便开始使用这一方法。例如,《论语》中便有"夫达也者,质直而好义,察言而观色,虑以下人"的说法。在孔子看来,察言而观色、考虑他人的感受既是人际交往的基本能力,也是谦恭的表现。孔子所谈的"察言观色"类似于今天所说的社会情感能力(social emotional competence)。如此,"察言观色"并非是拍马屁的必备技能,谦虚、恭谨也并非是对他人唯唯诺诺、小心翼翼。相反,在孔子看来,谦恭的前提是对互动情境、互动主体的敏锐观察,并能充分考虑他人的感受、把天儿愉快地聊下去。

那么,为什么观察对于人际互动如此重要呢? 观其言、察其行是个体在人际交往情境中生产"意义"的重要方式,同时也是"意义"交换的重要方法。这是因为没有哪个互动情境中只有单向度的"看",而都是在"看"与"被看"的交互中通过解码与编码生产或令人愉悦、或使人尴尬的"意义"。

余华的《活着》开篇便提供了一个非常典型的"观察"案例:

> 我比现在年轻十岁的时候,获得了一个游手好闲的职业,去乡间收集民间歌谣。那一年的整个夏天,我如同一只乱飞的麻雀,游荡在知了和阳光充斥的农村。我喜欢喝农民那种带着苦味的茶水,他们的茶桶就放在田埂的树下,我毫无顾忌地拿起积满茶垢的茶碗舀水喝,还把自己

的水壶灌满，与田里干活的男人说上几句废话，在姑娘因我而起的窃窃私笑里扬长而去。我曾经和一位守着瓜田的老人聊了整整一下午，这是我有生以来瓜吃得最多的一次，当我站起来告辞时，突然发现自己像个孕妇一样步履艰难了。然后我与一位当上了祖母的女人坐在门槛上，她编着草鞋为我唱了一支《十月怀胎》。我最喜欢的是傍晚来到时，坐在农民的屋前，看着他们将提上的井水泼在地上，压住蒸腾的尘土，夕阳的光芒在树梢上照射下来，拿一把他们递过来的扇子，尝尝他们的盐一样咸的咸菜，看看几个年轻女人，和男人们说着话。[①]

小说中的"我"去农村收集民间歌谣，尽管这是一份"游手好闲的职业"，却非常类似质性研究者、人类学家们所做的"严肃的"田野工作。"我"对于乡村的观察体现在非常具体的意象、活动和细节中。例如，放在田埂树下的茶桶、积满茶垢的茶碗等。从"我"的视角"看"到的他人是可以说几句话的干农活的男人，不与"我"说话但却悄悄议论"我"的姑娘，请"我"吃瓜的看守瓜田的老人等。除了视觉，"我"对乡村的体验还有嗅觉和味觉：井水泼在尘土上的气息与咸菜的味道。

在详述了作为"外人"的"我"的观察与体验后，余华接着描写了"我"在自己与当地人眼中的形象：

我头戴宽边草帽，脚上穿着拖鞋，一条毛巾挂在身后的皮带上，让它像尾巴似地拍打着我的屁股。我整日张大嘴巴打着哈欠，散漫地走在田间小道上，我的拖鞋吧嗒吧嗒，把那些小道弄得尘土飞扬，仿佛是车轮滚滚而过时的场景。

① 余华.活着[M].北京：十月文艺出版社,2017：5.

我到处游荡,已经弄不清楚哪些村庄我曾经去过,哪些我
没有去过。我走近一个村子时,常会听到孩子的喊叫:
"那个老打哈欠的人又来啦。"①

如果这不是一部小说,而是一份田野笔记或者一部民族志,也是值
得初学者仔细捉摸的优秀范本。从"我"对"田野地点"的体验写到"我"
在自己眼中的形象,进而从当地孩子的视角反观"我"在当地人眼中的形
象。这种多棱镜中折射出的形象也许并不"真实",而是带着"折痕"的部
分真实,但这都不要紧,因为,一方面,"参与观察法鼓励研究者从具体情
境和场景中人类生活的当下经验开始,充分利用一切可能的机会"②;另
一方面,参与观察还要求研究者保持开放的态度,"鼓励研究者就人们的
日常生活中的言行,提供详尽的质性描述,并据此界定相关的概念"③。

如果余华的《活着》是一部民族志作品,开篇关于"我"的形象的多重
视野也许就是作为研究者的"我"的可利用的机会。为什么当地孩子会
将"老打哈欠"作为符号来标识"我"? 显然,"老打哈欠"与当地人的日常
表现不同,这也许是因为在当地的意义系统里,"打哈欠"是懒惰、游手好
闲等道德性的"恶"的表现,因而当地人都极力避免"打哈欠"以表示自己
是勤劳的、吃苦耐劳的。于是,"我"与当地人成了两个意义世界的人,观
察的重要作用之一也就是连通这两个世界,并交换理解、生产意义。

---

① 余华.活着[M].北京:十月文艺出版社,2017:6.
② [美]丹尼·L.乔金森.参与观察法:关于人类研究的一种方法[M].张小山,龙筱红,译.
　重庆:重庆大学出版社,2015:9.
③ 同注②。

三、在想象的幻象里

发现真相是发现真理这一科学主义信仰的方法镜像。这一方法信仰的前提假设有两个重要层面：其一，世界是客观实在的；其二，因为世界是客观实在的，所以研究者能做的以及要做的事情就是去"发现"世界及其运行的规律。也就是在这个意义上，研究者如同一个探矿者，其使命便是去发现新矿、挖掘"社会事实"的矿藏，并用学界认可的方式呈现出来，告诉同行与大众世界矿藏又增添了什么。由于探矿是一种科学发现的事业，因此，其方法的科学性也需要不断修正。在这种逻辑的影响下，一些学者试图建立验证质性研究可信性（如果不是科学性的话）的一些基本方法和准则。例如，约翰·克雷斯威尔（John. W. Creswell）和戴纳·米勒（Dana Miller）列出的步骤就很有代表性①：

- 三角互证；

- 寻找不一致的证据；

- 进行反思；

- 成员核查；

- 延长在田野中的工作；

- 合作；

---

① John. W. Creswell & Dana Miller. Determining validity in qualitative inquiry[J]. *Theory into Practice*，2000，39(3)：124—130.

- 建立核查追踪；
- 同行汇报。

对于人文社会科学而言，发现世界的真相源于对因果关系的执念以及对"偶然性"的驯服。伊恩·哈金(Ian Hacking)举了一个生动的例子：

假如在商场你"偶然"碰上了我，那么就有一个关于我何以在早上九点十分会在商场买香瓜的因果故事。还有一个不同的但却是相等的故事，来解释你何以在那个时辰在商场里买桃子。由于这两套原因的共同作用，使我们在九点十分相遇了，因此就我们相遇这件事而言，没有什么事情是"未被决定的"。我们称其为偶然，但却不是因为该事件没有因果关系。偶然仅仅是表面上的，是交切于因果线的结果。既能保全面子又能保留必然性的思想一再经人提出，譬如说，亚里士多德、阿奎那以及 19 世纪的概率论学者古诺等等。①

如果在商场里的偶遇不是"偶然"的，而是某种因果关系导致的必然，那么，这种必然性也许就可以通过统计、测量、验证来发现其"规律"。但是，如果换一种世界观与认识论呢？如果世界本身就是一系列偶然的相遇呢？如果参与观察也仅仅是研究者与研究对象"偶然"的邂逅呢？如果这些"如果"都不再是"如果"，那么，所谓的社会事实、"真相"是否还存在呢？对这些问题的回答取决于研究者的"三观"(世界观、人生观、价值观)和"三论"(本体论、认识论、方法论)的立场。也正因为不同研究者的"三观"和"三论"有着诸多不同，世界是否是客观实在，是否可测量验

---

① ［加］伊恩·哈金.驯服偶然[M].刘钢，译.北京：商务印书馆，2015：18.

证,是否是偶然性的裂变集合等问题已经成为启蒙运动以来人文社会科学研究中的十大未解之谜之首。

对于质性研究者而言,一个科学主义／实证主义魔咒可能是"价值中立"。这个马克斯·韦伯的理论遗产不仅成为20世纪上半叶社会科学研究者的理想追求,而且成为某种意义上学术暴力实践的方便工具。例如,批判一个人的学术成果最简便同时也可能是最粗暴的方法就是说他／她的研究"不客观"、"没有价值中立"、"没有代表性"。在很长一段时间里,人文社会科学研究者都谈"价值"色变,就连最执着于"海岛修仙、不问世事"的人类学家们,也在1980年代前后纠结于炼制民族志"仙丹"的方法是否科学,炼制过程是否掺进了太多面朝大海、无所事事的伤感,而使对异文化的"深描"负载了太多的个人色彩等问题。① 但是,很快人类学家们发现,这种纠结本身就是被自然科学话语绑架的表现。本来就是遁世修仙,又何必在乎江湖与庙堂二分体系中的位置? 尽管这种思绪颇似晚明士人的心态,但它却在学科、研究领域迅速细分的1990年代为人类学家、质性研究者提供了"自娱自乐"的理论基础。正如丹尼·乔金森指出的:

> 参与观察法同样也追求准确而真实的发现,但是它认为真理是不能通过任何纯粹的理性或者仅仅遵照合适的程序就可获得的,它认为价值中立即便作为一种理想也是不值得追求的。科学研究总是涉及价值观,而且它往往具有政治性。②

如此方法论上的主张并不意味着质性研究不再是"真实的探究过

---

① 最著名的一本集中探讨当时人类学家集体纠结的论文集是《写文化》。
② [美]丹尼·L.乔金森.参与观察法:关于人类研究的一种方法[M].张小山,龙筱红,译.重庆:重庆大学出版社,2015:18.

程",而只是更加明确地指出"发现真相的过程"以及所发现的"真相"是可疑的。

> 参与观察法认识到,科学是在具有价值评判和极强的政治性的人类交往中出现的。和所有科学一样,参与观察法旨在获得准确而真实的研究结果。与其他方法不同,它反对下面这种观点:科学家可以或应该做到价值无涉,或者在对现象的研究中不带个人的主观性。通过不断强化认识人类生活的个人兴趣和职业兴趣,以及使获得真实信息的实用程序不断清晰和明确化,参与观察者直接而公开地面对研究成果的真实性这一问题。①

这仍是一种科学的思维方式,认为程序的公开透明是"科学性"的一种表现。或者,将研究的过程"分解"展示便天然地具有了"科学属性"。但是,参与观察法的核心也许并不是要向"观众"展演过程与程序,而是要使研究者能够"参与其中"、"观察所见"、"解释所获",进而服务于研究问题的回答。

陈来在《有无之境：王阳明哲学的精神》一书中引用了王国维关于"有"与"无"的著名讨论：

> "泪眼问花花不语,乱红飞过秋千去","可堪孤馆闭春寒,杜鹃声里斜阳暮",有我之境也。"采菊东篱下,悠然见南山","寒波澹澹起,白鸟悠悠下",无我之境也。有我之境,以我观物,故物皆著我之色彩。无我之境,以物观物,故不知何者为

---

① ［美］丹尼·L.乔金森.参与观察法：关于人类研究的一种方法［M］.张小山,龙筱红,译.
重庆：重庆大学出版社,2015：31.

我，何者为物。①

　　尽管本书是一本讨论"参与观察法"的方法著作，但本着任何"论方法"的努力都离不开认识论与本体论的理论立场，王国维的"有"与"无"恰恰形象地描绘了"参与观察法"运用的两重境界。

　　第一重境界即"以我观物"。此时的"我"是"我"，"物"是"物"，是自我与他者的二分，以"我"的文化去"看"作为客体的"物"的文化，同时，也要接受来自"物"的凝视。如此，"我"与"物"之间是置身其中、身临其境式的"参与"。抛开如此拗口的"论证"，简单来讲，第一重境界便是研究者带着游客式的好奇，每天都活在来自田野当地日常生活／观念的惊喜与惊吓之中。在这个阶段，研究者的确已经参与其中，但仍免不了嘴上说"可以的、没问题"，身体却诚实地向后躲。当然，也有乐在其中的，但研究者与研究对象的貌似其乐融融的交流不过是驴唇难对马嘴的尬聊。

　　第二重境界可以称之为"无我之境，以物观物"。"无我"并非"我"的消失，而是"我"成为新我，成为"我"即是"物"、"物"即是"我"的物我交融的"我"。因此，此时的"我"已难以分辨何为"我"、何为"物"，"我"的主体性表征为自我的"物"化，通过习得"物"的文化逻辑、意义系统等"自我的技术"，从而获得一种新的存在方式，并在这种存在方式中获得合法性、神圣性、优越感、归属感和幸福感。这是一种美好的理想或愿景，实际上很难达到。本是同根生，叶子还不相同，更何况是两种文化的交融与理解。

　　两重境界之间是日常生活与煞有介事"做研究"的参与观察者。大多数质性研究者、参与观察者都能通过训练、练习离开第一重境界，向第二重境界"飞升"，但能"飞"多高、多远，则与每个人的悟性、个性、学养、

① 陈来.有无之境：王阳明哲学的精神［M］.北京：生活·读书·新知三联书店，2009：5.

机遇、师承等许多可控与不可控的因素密切相关。教育的一大谎言莫过于"只要好好学,就一定能学好",在研究方法的修炼上,这个谎言更常被教师灌输给学生,似乎质性研究方法也如卖油翁倒油穿钱之技,"无他,惟手熟尔"。但是,事实往往比美丽的、善意的谎言残酷很多,并不是每个人都有能力、有勇气、有魄力把自己推向他者化的一极,离开让自己舒服的一亩三分牛角尖,远比想象的更难。即便能迈出艰难的第一步,能在参与观察的历练中不断返身,拥有超强自我反思性的研究者也不过是少数中的少数。长期不间断的田野调查之所以被认为是人类学家的成人礼,也许更多的不是在研究方法的意义上,而是指这种田野调查的历练对人类学家自我的重构。

研究者通过"看"形成研究问题、修订研究问题,在体验中发现生活,同时,在"被看"中重构自我,不仅要完成作为研究者的自觉,还要考虑作为人的维度,重构作为非研究者的人的自我。在这个意义上,参与观察以及广义的质性研究已经超越了研究方法的层面,而是研究者对自我的重新审视。如同著名人类学家克利福德·格尔茨(Clifford Geertz)所言:

> 马林诺斯基的遗产并不是通常所以为的那样是一种研究方法,即"参与观察"(participant observation,这被证明是一种愿望而非方法),而是一个文学困境,即"参与描述"(participant description)。[1]

---

[1] [美]克利福德·格尔兹. 论著与生活:作为作者的人类学家[M]. 方静文,黄剑波,译.北京:中国人民大学出版社,2013:118—119.

四、拓展阅读书目

1. Andrew. Kipnis. *Governing Educational Desire: Culture, Politics, and Schooling in China* [M]. Chicago: The University of Chicago Press. 2011.

2. Kirin. Narayan. *Alive in the writing: Crafting ethnography in the company of Chekhov* [M]. Chicago: The University of Chicago Press. 2012.

3. [丹麦]麦玛丽亚·海默,曹诗弟.在中国做田野调查[M].于忠江,赵晗,译.重庆:重庆大学出版社,2012.

4. [澳] 林恩·休谟,简·穆拉克.人类学家在田野:参与观察中的案例分析[M].龙菲,徐大慰,译. 上海:上海译文出版社,2010.

5. 董轩,何梦蕊.感同身受:教育民族志方法的情感向度[J].教育学报,2020,16(01):27—33.

6. 司洪昌.嵌入村庄的学校:仁村教育的历史人类学探究[M].北京:教育科学出版社,2009.

7. [美] 巫鸿.黄泉下的美术:宏观中国古代墓葬[M].施杰,译.北京:生活·读书·新知三联书店,2016.

8. [美] 巫鸿.聚焦:摄影在中国[M].北京:中国民族摄影艺术出版社,2018.

9. [日] 松本清张.砂器[M].赵德远,译.海口:南海出版公司,2016.

10. 余华.活着[M].北京:十月文艺出版社,2017.

参考文献

1. 陈向明.质的研究方法与社会科学研究[M].北京：教育科学出版社，2000.

2. [美] 丹尼·L.乔金森.参与观察法：关于人类研究的一种方法[M].张小山,龙筱红,译.重庆：重庆大学出版社,2015.

3. [美] 保罗·拉比诺.摩洛哥田野作业反思[M].高丙中,康敏,译.北京：商务印书馆,2008.

4. [英] 马丁·登斯库姆.怎样做好一项研究——小规模社会研究指南(第3版)[M].陶保平,等,译.上海：上海教育出版社,2011.

5. [美] 西莫斯·可汗.特权：圣保罗中学精英教育的幕后[M].蔡寒韫,译.上海：华东师范大学出版社,2016.

6. [英] 威利斯.学做工：工人阶级子弟为何继承父业[M].秘舒,凌旻华,译.南京：译林出版社,2013.

7. 孙行之,王思齐."家伙们"的命运悖论_滚动新闻_新浪财经_新浪网[EB/OL].(2013-3-21)[2018-11-25].http://finance.sina.com.cn/roll/20130321/013414899926.shtml.

8. 杨宇静.从民族志深描到理论分析——《学做工》的文化逻辑[J].中国图书评论,2013(11)：41—46.

9. 赵妍,陆婷.民族志经典《学做工》首出简体中文版,保罗·威利斯分析社会变迁_网易财[EB/OL].(2013-3-28)[2018-11-25].http://money.163.com/13/0328/07/8R1N0RBB00253B0H.html.

10. 中国社会科学院社会学研究所.中国社会学(第10卷)[M].上海：上海人民出版社,2014.

11. 阎云翔.礼物的流动：一个中国村庄中的互惠原则与社会网络[M].李放春,刘瑜,译.上海：上海人民出版社,2017.

12. 费孝通.乡土中国[M].北京：北京大学出版社,2012.

| 后 记 |

"教育的质性研究方法"是华东师范大学教育学部硕士研究生的必修课程,旨在让零基础的学生初步了解质性研究范式,能够初步使用质性研究的具体方法和技术,并独立完成资料分析与成果撰写。本书是课程团队统一编写的系列丛书中的一册。

参与观察法是质性研究方法的重要基础,也是经常使用的技术之一。其起点是"如何被看",重点是"看什么",难点是"怎么看"。"如何被看"是参与观察者进入观察现场后所要审慎应对的重要问题,常常决定了参与观察能否顺利进行。"看什么"是研究者个人品性、方法训练、理论基础的综合反映,影响着"参与"的深度与"观察"的广度。"怎么看"既是教科书意义上的技术问题,又是个人化的研究经验的体现。初学者可以通过分解观察流程,凭借各种观察记录表获得资料,但通过练习、实践后的进阶学习者则要尽可能地摆脱此类记录表的束缚。摆脱这种束缚的重要方法便是研读经典,想象前辈学者是如何使用参与观察法的,又是如何将观察所得变成研究成果的。因此,阅读质性研究经典著作时,自觉从"方法视角"重新检视、想象和反思是学习参与观察法的重要"捷径"。沿着这条"捷径"不断练习,才可能实现从方法到方法论再到方法的循环精进与功力提升,也才可能在"看"与"被看"之中洞开一个质性研究观照下的世界。

根据丛书统一编写的要求,本书由董轩负责整体设计、确定导读文献和案例,由本书编写团队对所有文献共同阅读、研讨,每部分由一位执笔人负责整合、撰写,董轩负责全书的统稿、修改、定稿工作。

各章具体分工如下：

第1章	《参与观察法：关于人类研究的一种方法》导读	许李萌
	《摩洛哥田野作业反思》导读	徐冰清
第2章	方法流程：从"参与"到"观察"	何梦蕊
第3章	案例一：《特权：圣保罗中学精英教育的幕后》	李小叶
	案例二：《学做工：工人阶级子弟为何继承父业》	张先毓
	案例三：《礼物的流动：一个中国村庄中的互惠原则与社会网络》	许李萌
第4章	拓展阅读：从"论方法"到"方法论"	董　轩

董　轩

2020 年 3 月 26 日